Les clés pour
communiquer
avec les
anges gardiens

Catalogage avant publication de Bibliothèque et Archives Canada

Ruben, Leonard

   Les clés pour communiquer avec les anges gardiens

   2ᵉ édition

   (Collection Spiritualité)

   ISBN 2-7640-1021-4

   1. Anges gardiens. I. Titre. II. Collection.

BL477.R82 2005   202'.15   C2005-940985-1

LES ÉDITIONS QUEBECOR
Une division de Éditions Quebecor Média inc.
7, chemin Bates
Outremont (Québec)
H2V 4V7
Tél. : (514) 270-1746
www.quebecoreditions.com

© 2005, Les Éditions Quebecor
Bibliothèque et Archives Canada

Éditeur : Jacques Simard
Conception de la couverture : Bernard Langlois
Illustration de la couverture : Frederick C. Czufin / SuperStock
Révision : Sylvie Massariol
Correction d'épreuves : Francine St-Jean
Infographie : 15ᵉ Avenue

Nous reconnaissons l'aide financière du gouvernement du Canada par l'entremise du Programme d'Aide au Développement de l'Industrie de l'Édition pour nos activités d'édition.

Gouvernement du Québec – Programme de crédit d'impôt pour l'édition de livres – Gestion SODEC.

Imprimé au Canada

Les clés pour
communiquer
avec les
anges gardiens

LEONARD
RUBEN

LES ÉDITIONS
Quebecor
QUEBECOR MEDIA

La Providence divine a confié à des anges la garde du genre humain. Elle les a chargés de protéger sans cesse tous les hommes pour les préserver des dangers qui pourraient les menacer. De même que les parents donnent des gardes et des défenseurs à leurs enfants, lorsqu'ils les voient entreprendre quelque voyage difficile et périlleux, ainsi, dans ce voyage que nous faisons tous vers la céleste patrie, Dieu notre Père nous a confiés à la garde d'un ange, afin que son secours et sa vigilance nous fissent éviter les embûches secrètement préparées par nos ennemis, repousser les plus terribles attaques dirigées contre nous, marcher constamment dans le droit chemin, et empêcher que quelque piège tendu par notre perfide adversaire ne nous fît sortir de la voie qui mène au ciel.

— Catéchisme du concile de Trente
(ou catéchisme romain)

QUI SONT LES ANGES?

Que de questions sur l'identification des anges gardiens! Chacun s'est demandé au moins une fois comment on en était venu à identifier nommément les anges gardiens. Eh bien, il semble qu'on ait pu les connaître en prenant appui sur des textes rattachés aux traditions cabalistiques (juives), lesquels reconnaissent soixante-douze anges répartis en neuf chœurs — neuf familles. Ces familles, et leurs princes, c'est-à-dire les anges qui régissent chacune d'elles, sont les suivantes: les séraphins sont régis par Métatron; les chérubins sont régis par Raziel; les trônes sont régis par Tsaphkiel; les dominations sont régies par Tsadkiel; les puissances sont régies par Camael; les vertus sont régies par Raphaël; les principautés sont régies par Haniel; les archanges sont régis par Mikaël et, enfin, les anges sont régis par Gabriel[1]. Les soixante-douze anges de ces neuf familles se partagent les 360 degrés du zodiaque par petite tranche de 5 degrés (72 x 5 = 360). Respectant l'ordre

---

[1] Vous trouverez la description de ces familles aux chapitres 5 à 13.

des neuf hiérarchies angéliques et commençant le 21 mars, huit anges sont ainsi attribués à chaque catégorie (9 x 8 = 72), chacun étant relié à une période couvrant de quatre à six jours.

En outre, à chaque famille et à chaque ange ont été attribués des spécificités, des traits dominants et des vertus; on s'adressera donc à eux en fonction justement des demandes ou des prières que l'on veut formuler.

Cela dit, il ne nous faut pas oublier que les anges sont également des messagers — des porteurs de messages —; ils transmettent ce qui leur est confié, aussi faut-il se permettre de les voir dans un schéma plus absolu où chaque ange peut aussi intervenir quand il le juge nécessaire. Après tout, Dieu, infiniment miséricordieux, va bien au-delà de nos calculs et de ce regard limité que nous portons sur le monde invisible.

Si de nombreux mystiques ont été favorisés de la grâce de pouvoir communiquer avec leur ange gardien, certains ayant même reçu la faveur de le voir et de converser avec lui comme avec un être de chair et de sang, reconnaissons néanmoins que cette communication directe reste une faveur divine, un rare don du Ciel. Et même si la majorité d'entre nous ne bénéficient pas, et ne bénéficieront probablement jamais, de cet état de grâce, il n'en reste pas moins que toujours les anges gardiens nous accompagnent, et toujours ils restent auprès de nous, pleurant nos fautes et se réjouissant de nos pas dans la Lumière. Telle est d'ailleurs leur mission auprès de nous, gardiens et conseillers inlassables, envoyés par le divin pour nous aider à marcher vers Lui.

Mais les écoutons-nous toujours?

Ne repoussons-nous pas trop souvent cette petite voix qui nous parle au cœur, surtout lorsqu'elle nous demande ce qui est contraire à nos désirs et à notre volonté propre, lorsque ceux-ci s'éloignent de la volonté de Dieu?

Apprenons donc à entendre cette voix, à guetter ses conseils et même à les désirer. Et ne doutons pas que si, un jour, le Ciel juge bon qu'il nous soit permis de «voir» un de ces messagers ou d'entretenir avec l'un d'eux un dialogue plus élaboré, cela nous sera donné, pour la plus grande gloire de Dieu! Mais soyons plus humbles: ne désirons rien d'autre que la seule volonté de Dieu s'accomplisse, et employons toutes les forces de notre cœur et de notre esprit à désirer chaque jour davantage cet accomplissement.

Cet unique travail saura bien occuper notre vie entière.

Première partie

DES MOTS, DES IDÉES ET DES ANGES

Chapitre 1

LE CATÉCHISME
DES SAINTS ANGES

Qui s'intéresse aux anges, qui cherche à entretenir une communication avec eux, se pose immanquablement son lot de questions. Et y répondre n'est pas tâche facile. Certes, l'on trouve dans la Bible, dans l'Ancien et le Nouveau Testament, de nombreuses évocations et références aux anges, certaines pistes de réponse également, mais rien de clairement énoncé ou de défini. En fait, la référence religieuse la plus susceptible d'apporter des réponses à nos questions est un petit recueil largement méconnu, parce que oublié depuis longtemps, et qui a pour titre *Catéchisme des Saints Anges*, rédigé par le père Louis Joseph-Marie Cros, prêtre de la Compagnie de Jésus (Jésuites), et paru dans le *Messager du Cœur de Jésus* en 1877-1878.

Nous vous offrons ici la version intégrale de ce texte qui se présente sous la forme très accessible de questions-réponses. Cela dit, vous le remarquerez vous-même, bien qu'il s'agisse d'un texte respectant scrupuleusement les dogmes et les préceptes de l'Église catholique (certaines réponses sont loin d'être aussi consensuelles aujourd'hui), nous croyons que chacun peut en retirer des connaissances enrichissantes.

1. *Est-il nécessaire d'admettre qu'il y ait des anges?*

Oui; ce serait en quelque sorte nécessaire, quand même la foi catholique ne nous obligerait pas à le croire.

2. *Pourquoi la raison m'incline-t-elle, presque nécessairement, à admettre qu'il y a des anges?*

La fin que Dieu se propose dans la création, c'est de communiquer le bien; d'être assimilées, en quelque manière, à Dieu, c'est le bien des créatures; or, si les anges n'existaient pas, il n'y aurait pas de créature qui fût vraiment semblable à Dieu.

3. *Comment cela?*

Les créatures inanimées ne sont pas à l'image de Dieu; il y a seulement en elles comme les vestiges de sa main, qui les a faites: si elles lui ressemblent, c'est seulement parce qu'elles existent. Les créatures animées, mais dénuées de raison, ne sont pas non plus à l'image de Dieu; si elles lui ressemblent, c'est qu'elles existent et qu'elles vivent. L'homme lui-même n'est pas image parfaite de Dieu: il est fait à l'image de Dieu. Par son corps, il se rattache aux créatures inférieures, qui ne portent que le cachet de la main de Dieu; son intelligence seule est l'image de Dieu; mais l'intelligence de l'homme n'est pas l'homme. La raison, pour être satisfaite, semble donc désirer une créature pur esprit, pure intelligence, comme Dieu est pur esprit, pure intelligence. Or, l'ange est cette créature.

4. *L'ange n'a donc pas de corps?*

Non, l'ange est esprit; la foi nous l'enseigne. Nous lisons en effet au Psaume 103: «Ô Dieu, vous avez créé vos anges purs esprits» (*qui facis angelos tuos spiritus*).

5. *Est-on obligé, sous peine de péché, de croire qu'il y a des anges, et qu'ils sont de purs esprits?*

Oui, c'est de foi divine, c'est-à-dire que Dieu l'enseigne dans l'Écriture sainte; et c'est de foi catholique, c'est-à-dire que l'Église l'enseigne par ses docteurs, par ses fêtes et par ses conciles.

6. *Quel est le concile qui a défini qu'il y a des anges, et qui enseigne qu'ils sont de purs esprits?*

C'est le quatrième concile de Latran.

7. *Les anges sont-ils nombreux?*

Saint Thomas d'Aquin enseigne que le nombre des anges excède de beaucoup le nombre des créatures matérielles.

8. *Sur quels textes de l'Écriture sainte est fondé ce sentiment?*

Sur ce texte de la prophétie de Daniel (VII, 10): «Un million d'anges le servaient et mille millions se tenaient devant lui.»

9. *Que disent les Pères de l'Église et tous les commentateurs de l'Écriture, au sujet de ces paroles du prophète Daniel?*

Ils enseignent qu'elles sont loin de révéler le nombre précis des anges, et qu'on doit les entendre en ce sens que les anges sont, en quelque sorte, innombrables.

10. *Comment saint Denys l'Aréopagite exprime-t-il sa pensée à cet égard?*

Il dit (Coelest. Hier. 13,14): « Les armées des esprits célestes sont nombreuses: elles excèdent l'estimation étroite et infirme des nombres matériels [...]. Leur nombre est incompréhensible, et Dieu seul le connaît.»

11. *Quel est le sentiment particulier de saint Ambroise?*

Expliquant la parabole de la brebis perdue, qui représente le genre humain, il donne à entendre que le nombre total des hommes ne serait que la centième partie du nombre des anges.

12. *Les anges sont-ils tous d'une même espèce?*

Plusieurs Pères de l'Église et docteurs, tels que saint Basile et saint Grégoire de Nysse, enseignent que tous les anges sont d'une même espèce, comme les hommes. D'autres, tels que saint Augustin, saint Bernard, saint Jean Damascène, sans trancher la question, doutent qu'il y ait entre les anges une distinction spécifique. Le sentiment le plus commun et le plus probable est qu'il y a plusieurs espèces d'anges, comme il y a plusieurs espèces de fleurs.

13. *Est-il certain que les anges sont distribués en plusieurs ordres ou hiérarchies?*

Oui.

14. *En combien de hiérarchies sont distribués les anges?*

En neuf hiérarchies.

15. *La raison persuade-t-elle qu'il doit exister un ordre hiérarchique entre les anges?*

Oui, surtout si l'on admet que les anges diffèrent d'espèce entre eux. Mais cet ordre hiérarchique serait encore exigé par la raison, quand on n'admettrait, entre les anges, qu'une distinction numérique: dans la multitude numérique, en effet, l'ordre, la subordination, la variété, est une condition de beauté.

16. *L'Écriture sainte persuade-t-elle de la même chose?*

Oui, car on y trouve mentionnés neuf ordres angéliques: Isaïe (chap. 6) parle des séraphins; la Genèse (chap. 3), des chérubins; saint Paul (dans Colossiens 1), des trônes, des dominations et des puissances; (dans I Corinthiens 15), des vertus; (dans Romains 8), des principautés, des archanges et des anges.

17. *Les Pères de l'Église enseignent-ils la distribution des anges en neuf hiérarchies?*

Oui, ils l'enseignent, après saint Denys l'Aréopagite, qui déclare avoir appris cette doctrine de son maître, et il est permis de penser que le maître dont il parle n'est autre que saint Paul.

18. *Qu'appelle-t-on proprement «hiérarchie»?*

Un groupe de personnes saintes et consacrées, subordonnées entre elles et subordonnées à un chef unique, avec charge et pouvoir d'administrer les choses saintes.

19. *Que faut-il entendre par choses saintes?*

Les moyens qui conduisent à la sainteté.

20. *Quels sont les moyens de la sainteté, desquels dispose la hiérarchie ecclésiastique?*

La vraie doctrine, les sacrements et le Saint Sacrifice.

21. *Quel est le moyen de sainteté administré par la hiérarchie céleste?*

La lumière divine, transformant, de clarté en clarté, l'âme à la ressemblance surnaturelle de Dieu.

22. *Y a-t-il, entre les anges eux-mêmes, illumination des ordres inférieurs par les ordres supérieurs?*

Oui: la première hiérarchie reçoit, immédiatement, l'action sanctifiante de la lumière de Dieu; elle la communique à la hiérarchie inférieure, et celle-ci à une autre.

23. *Tous les ordres angéliques auraient donc la même mesure de lumière divine?*

Saint Denys répond: «Tout ce qui se rencontre dans les ordres inférieurs est dans les ordres supérieurs, mais avec excès [en grand]. Tout ce que possèdent les ordres supérieurs est dans les inférieurs, mais avec une sorte de diminution [en petit].»

24. *Quel est le caractère propre et commun des trônes, des chérubins, des séraphins?*

Ils contemplent Dieu.

25. *Quel est le caractère propre et spécial de chacun de ces trois ordres?*

Les trônes, en vertu de leur parfaite pureté, reçoivent Dieu, objet de la contemplation; Dieu réside en eux, comme en un trône, en un siège spirituel. Les chérubins, en vertu de leur parfaite science, connaissent Dieu, objet de la contemplation. Les séraphins, en vertu de leur parfaite charité, aiment Dieu, objet de la contemplation. Posséder, connaître, aimer sont en effet les trois éléments nécessaires d'une contemplation parfaite.

26. *Suit-il que les trônes possèdent Dieu, sans le connaître ni l'aimer; que les chérubins le connaissent, mais ne le possèdent ni ne l'aiment?*

Non; pas plus qu'il n'en faut conclure que les séraphins aiment Dieu sans le connaître. Excellant dans l'amour, les séraphins excellent nécessairement dans la possession et dans la connaissance;

mais il ne suit pas de là que la possession ou la connaissance soient leur caractère distinctif. Possédant Dieu, connaissant Dieu, les trônes et les chérubins aiment Dieu, mais il ne suit pas de là que l'amour soit leur caractère distinctif.

27. *Quel est le caractère propre et commun des vertus, des puissances et des dominations?*

Ces trois ordres gouvernent, sous la conduite de la Providence de Dieu.

28. *Quel est le caractère propre et spécial de chacun de ces trois ordres?*

Les dominations commandent ce qu'il faut faire. Les puissances prescrivent la manière de le faire et neutralisent l'opposition des démons. Les vertus ont en main les moyens efficaces de le faire, et particulièrement les opérations miraculeuses.

29. *Quel est le caractère propre et commun des principautés, des archanges et des anges?*

Ces trois ordres exécutent les desseins de la Providence de Dieu.

30. *Quel est le caractère propre et spécial de chacun de ces trois ordres?*

Les principautés président aux destinées des nations ou des empires. Les archanges, aux destinées des souverains, des princes... Les anges, aux destinées des particuliers.

31. *L'ange a-t-il une puissance intellective?*

Oui, certainement, puisqu'il est esprit, et que d'ailleurs l'Écriture sainte nous apprend que les anges voient Dieu, qu'ils le louent, lui obéissent et produisent d'autres actes nombreux, qui tous requièrent l'intelligence.

32. *L'intelligence de l'ange, dans son mode d'exercice et d'opération, diffère-t-elle spécifiquement de l'intelligence de l'homme?*

Oui, car l'intelligence de l'ange ne dépend en rien du concours des sens, et n'est pas astreinte non plus aux lenteurs du raisonnement.

33. *L'ange connaît-il les événements à venir?*

Il connaît, avec certitude, ceux de ces événements qui naissent de causes nécessaires, comme les phénomènes célestes ou terrestres qui se produisent en vertu des lois de la nature.

34. *L'ange connaît-il les événements à venir qui naissent des déterminations libres de notre volonté?*

Tous les théologiens s'accordent à dire que l'ange, par lui-même, ne peut connaître avec certitude ces sortes d'événements. Il ne peut les connaître infailliblement que par révélation divine.

35. *L'ange connaît-il les secrets des cœurs?*

Il est de foi que les anges ne connaissent pas les secrets des cœurs, c'est-à-dire les actes de notre intelligence ou de notre volonté: l'Écriture sainte proclame en effet, en cent endroits, que cette connaissance n'appartient qu'à Dieu seul.

36. *L'ange discerne-t-il, chez l'homme, les actes de l'imagination et de l'appétit sensitif?*

Oui, et il en faut dire autant des actes mêmes de la volonté et de l'intelligence, lorsqu'ils se manifestent par quelque signe extérieur.

37. *L'ange a-t-il, naturellement, la vision immédiate et intuitive de Dieu?*

Non; et il ne peut pas exister de créature à qui une telle vision de Dieu soit connaturelle.

38. *Quelle connaissance naturelle l'ange a-t-il et peut-il avoir de Dieu?*

Celle que nous avons nous-mêmes naturellement, c'est-à-dire une connaissance déduite de l'existence et de la connaissance des créatures; mais ils ont de Dieu, par cette voie, une connaissance plus étendue que la nôtre, à cause de la perfection de leur intelligence.

39. *L'ange connaît-il, naturellement, la Trinité des Personnes divines?*

Non; car les créatures étant l'ouvrage, non des Personnes divines, en tant qu'elles sont distinctes, mais des Personnes, en tant qu'elles ont une commune essence divine et une commune toute-puissance, ces créatures ne sauraient manifester la Trinité des Personnes.

40. *L'ange a-t-il pu connaître, naturellement, avant qu'ils fussent accomplis ou qu'ils fussent révélés, les autres mystères de notre foi, comme l'Incarnation du Fils de Dieu, la prédestination de la bienheureuse Vierge, la Rédemption des hommes par la passion et la mort de Jésus-Christ, etc.?*

Non, car ces mystères ne dépendent que de la libre volonté de Dieu; et si un ange ne peut connaître, naturellement, les pensées d'un autre ange ou les pensées de l'homme, encore moins saurait-il pénétrer les pensées ou les volontés libres de Dieu.

41. *Les anges ont-ils connu le mystère de l'Incarnation, dès le commencement de leur béatitude?*

Oui; tel est le sentiment commun des Pères et des théologiens. Les ministères des anges se rapportent en effet à l'Incarnation, selon cette parole de saint Paul (Hébreux 1, 14): «Tous les Anges ne sont-ils pas serviteurs de Jésus-Christ, ayant mission d'exercer un ministère de salut auprès de ceux qui doivent posséder l'héritage éternel?»

42. *Tous les anges ont-ils reçu et reçoivent-ils de Dieu la connaissance des mystères, dans une égale mesure?*

Non; la vision qui leur fait connaître les mystères de la grâce, outre qu'elle ne les leur manifeste pas tous, ne les fait pas connaître à tous les anges dans la même mesure. Les anges supérieurs, pénétrant plus profondément dans les secrets de la sagesse de Dieu, connaissent un plus grand nombre de mystères et des mystères d'un ordre plus élevé; et c'est par eux que les anges inférieurs en sont instruits.

43. *Les anges supérieurs ont-ils reçu, dès le commencement, pleine connaissance des mystères?*

Non; dès le commencement des temps, ils ont connu quelques-uns de ces mystères; puis Dieu leur en a manifesté d'autres, à mesure que, pour exécuter leur mission, ces connaissances leur devenaient nécessaires.

44. *Mais les anges ayant la vision de la sagesse de l'essence divine, n'ont-ils pas en elle la vision de tous les mystères?*

Non; la vision ou contemplation bienheureuse de la sagesse de Dieu n'en est pas la compréhension, et n'exige pas la connaissance de tous les secrets qu'elle renferme.

45. *Les anges ont-ils une volonté?*

Oui, puisqu'ils ont une intelligence qui discerne le bien général et universel, et que de ce discernement résulte leur inclination vers le bien, ainsi connu dans sa nature; la volonté n'étant autre chose que cette inclination.

46. *Les anges ont-ils le libre arbitre?*

Oui, car partout où il y a une intelligence, il y a libre arbitre. Si d'ailleurs le libre arbitre est un des éléments essentiels de la dignité de l'homme, il doit appartenir, à plus forte raison, à l'ange.

47. *Y a-t-il dans les anges un amour naturel?*

Oui, car dans les anges, il y a une connaissance naturelle, et l'amour suit la connaissance. La charité de l'ange est le perfectionnement de son amour naturel, et ces deux amours diffèrent entre eux, comme une connaissance naturelle diffère d'une connaissance surnaturelle. La grâce présuppose toujours la nature, et ce qu'il y a de primitif dans une chose se retrouve toujours dans ce qu'il s'y surajoute.

48. *L'amour des anges est-il électif?*

Oui, car sans cela, il ne serait pas méritoire.

49. *L'élection ou préférence de l'ange résulte-t-elle d'un travail d'examen ou de raisonnement?*

Non, elle suit la perception pure et simple, ou la vue intime de la vérité.

50. *L'ange s'aime-t-il lui-même d'un amour naturel et d'un amour électif?*

Oui, car s'il ne s'aimait ainsi lui-même, il n'aimerait pas ainsi d'autres objets, l'amour que l'on a pour les autres provenant de l'amour que l'on a pour soi.

51. *Qu'est-ce à dire que l'ange s'aime lui-même d'un amour naturel et d'un amour électif?*

L'ange recherche naturellement ce qui fait son bonheur et sa perfection; il s'aime donc d'un amour naturel, puisqu'il recherche naturellement son bien propre. L'ange choisit, pour atteindre son bonheur, tel moyen de préférence à tel autre, et c'est en ce sens qu'il s'aime d'un amour électif. L'amour naturel a pour objet la fin; l'amour électif, les moyens qui y conduisent.

52. L'ange aime-t-il un autre ange comme lui-même d'un amour naturel?

Oui, dans la mesure de ce qu'il a naturellement de commun avec lui; car l'ange s'aime lui-même; or, ce qu'un autre a de naturellement commun avec lui, le fait un avec lui.

53. L'ange aime-t-il Dieu plus que lui-même d'un amour naturel?

Oui, car tout être provenant d'un autre quant à sa nature, a une inclination plus vive et plus directe pour l'être dont il vient que pour lui-même: ainsi la main de l'homme, naturellement, s'expose et se sacrifie pour protéger tout le corps. Or Dieu est le bien universel, de qui tout bien procède: donc, naturellement, l'ange, et l'homme comme l'ange, s'ils considèrent Dieu comme bien universel, l'aiment plus qu'ils ne s'aiment eux-mêmes. Si l'ange s'aimait naturellement plus qu'il n'aime Dieu, son amour naturel serait vicieux, et la grâce n'aurait pas, chez lui, à perfectionner la nature, mais à la détruire; or la grâce ne fait que perfectionner la nature et ne la détruit pas.

54. *L'ange a-t-il été créé?*

Oui, car Dieu seul existe par lui-même.

55. *Pourquoi la Genèse ne mentionne-t-elle pas la création des anges?*

Les anges, dit saint Augustin, n'ont pas été omis dans le récit de la création; ils sont désignés par le mot ciel, ou par le mot lumière. Une mention plus expresse eût exposé les Juifs, si enclins à l'idolâtrie, à adorer les anges.

56. *L'ange a-t-il été créé par Dieu de toute éternité?*

Non: le Père, le Fils et le Saint-Esprit sont seuls éternels; tous les autres êtres ont été tirés du néant, c'est-à-dire qu'avant d'être créés, ils n'étaient pas. Toute proposition contraire doit être repoussée comme hérétique.

57. *Les anges ont-ils été créés avant le monde corporel?*

Le sentiment le plus probable est que la création des anges se rattache, comme partie d'un tout, à la création de l'Univers. Les relations des anges avec nous prouvent qu'ils ne constituent pas un monde à part; il n'est donc guère probable que Dieu, dont les œuvres sont parfaites, ait créé l'ange à part avant les autres créatures; une partie étant imparfaite, quand on la sépare du tout auquel elle appartient.

58. *Où les anges ont-ils été créés?*

Les corps et les esprits, dit saint Thomas, ne formant qu'un seul et même univers, et les esprits ayant été créés pour présider au monde des corps, il a été convenable que les anges fussent créés dans le lieu corporel le plus élevé, que ce lieu soit appelé ciel empyrée, ou qu'on lui donne d'autres noms.

59. *Les anges ont-ils été créés bienheureux?*

Dieu a créé les anges heureux d'un bonheur naturel, mais non du bonheur surnaturel, qui consiste dans la vision de son essence. Le bonheur naturel dans sa perfection, c'est-à-dire une parfaite connaissance naturelle de Dieu, l'ange l'a possédé dès le premier instant de sa création, à cause de la perfection de son intelligence.

60. *L'ange a-t-il eu besoin de la grâce pour tendre à la vision béatifique de Dieu?*

Oui, car cette vision de l'essence divine excède la portée de toute intelligence créée.

61. *Les anges ont-ils été créés dans la grâce sanctifiante?*

Le sentiment le plus commun est que les anges n'ont pas existé, un seul moment, dans l'état de nature, mais qu'ils ont été élevés à l'état de grâce dans l'instant même de leur création.

62. *L'ange a-t-il mérité sa béatitude ou sa gloire, c'est-à-dire la jouissance qu'il a de la vision de Dieu?*

Oui, l'ange, avant d'être heureux, a eu la grâce, et il a mérité la béatitude en se portant librement vers Dieu, par un mouvement de charité.

63. *L'ange a-t-il obtenu la béatitude après le premier acte de charité qu'il a produit?*

Oui; l'Ange atteignant, dès le premier acte, sa perfection, dans l'ordre de la nature, il en doit être de même dans l'ordre de la grâce.

64. *La grâce et la gloire des anges ont-elles des mesures diverses, proportionnées aux mesures diverses de leurs dons naturels?*

Oui; les meilleurs et les plus excellents d'entre eux, selon la nature, sont ceux qui ont obtenu le plus de grâce et de gloire; la sagesse de Dieu paraît le requérir, et d'ailleurs rien, chez l'ange, n'empêchait qu'il ne se portât vers sa fin, selon toute l'énergie de sa nature; de sorte que l'ange doué d'une nature meilleure se porta vers Dieu avec plus de force et d'efficacité. Telle n'est pas la condition des hommes; car ils ne diffèrent pas entre eux, spécifiquement, comme les anges, et l'homme est d'ailleurs composé de deux natures d'inclination différentes, dont l'une, selon la variété des circonstances, retarde diversement l'élan de l'autre.

65. *Les anges, dans la gloire, conservent-ils leur con-*
    naissance et leur amour naturels?

Oui, car la béatitude ne détruit pas la nature, mais au contraire la perfectionne; les actes naturels sont inclus dans les actes de gloire ou de béatitude, comme le nombre un est inclus dans le nombre deux. L'imperfection de la nature n'est pas contraire à la perfection de la béatitude: elle lui sert de base; et la connaissance et l'amour naturels de l'ange se rapportant à sa connaissance et à son amour de béatitude, rien n'empêche que la connaissance et l'amour naturels existent en lui avec la connaissance et l'amour surnaturels.

66. *L'ange bienheureux peut-il pécher?*

Non, car il voit et possède l'essence même de la bonté qui est Dieu: il est donc impossible qu'il en soit détourné par quelque autre objet inférieur, sous quelque aspect de bien qu'il se présente. La vue du souverain bien en lui-même donne à la liberté des anges sa perfection, c'est-à-dire la rend incapable de faire un choix qui la détourne de sa fin.

67. *L'ange bienheureux progresse-t-il dans la béati-*
    tude?

Non; les créatures raisonnables ont pour fin la vision de l'essence divine; mais aucune de celles qui y parviennent ne peut avoir la vision la plus élevée ou la compréhension de cette divine essence: elles ont toutes des degrés divers de vision et de bonheur, selon qu'il plaît à Dieu de les élever dans cette connaissance de lui-même; une fois ces degrés atteints, elles ne peuvent monter plus haut.

68. *Mais la charité, qui est parfaite chez les anges bienheureux, n'est-elle pas, au terme comme dans la voie, un principe de mérites croissants et, par conséquent, de béatitude croissante?*

Non; ce n'est pas la charité parfaite, mais la charité imparfaite qui produit des actes méritoires. L'acte de charité parfaite, telle qu'elle est dans sa gloire, est plutôt récompense que source de mérite; c'est ainsi que les actes d'une bonne habitude, déjà contractée, sont accompagnés de jouissance.

69. *N'y a-t-il pas, chez les anges, d'accroissement accidentel de joie?*

Oui; ainsi la joie des anges augmente à l'occasion du salut des âmes procuré par leur ministère; mais il faut dire qu'ils acquièrent ces joies, plutôt qu'ils ne les méritent.

70. *L'ange, avant d'être glorifié, pouvait-il pécher?*

Oui. Celui-là seul est, naturellement, impeccable, qui trouve dans sa propre volonté la règle de ses actes; or, c'est la condition de Dieu seul. Les actes de l'ange devant, pour être justes, se conformer à une règle qui ne procède pas de sa volonté, l'ange, si l'on ne considère que sa condition naturelle, peut pécher: ainsi l'ange pouvait pécher en inclinant vers son bien propre, sans se régler sur la volonté divine.

71. *Toutes sortes de péchés peuvent-ils être péchés des anges?*

Non; l'ange ne saurait s'écarter de la règle de Dieu en convoitant des biens corporels.

72. *Comment l'ange peut-il pécher en convoitant des biens spirituels?*

Il pèche, s'il les convoite ou les possède sans se conformer à la règle que la volonté de Dieu lui impose; et le défaut de soumission au supérieur dans ce qui est obligatoire constituant précisément le péché d'orgueil, il faut dire que le premier péché de l'ange n'a pu être qu'un péché d'orgueil.

73. *L'envie n'est-elle pas aussi un péché des anges?*

Oui, mais il est une suite de son orgueil: l'envieux en effet est fâché du bien d'autrui, parce qu'il le considère comme un détriment de son bien propre; or cela suppose une convoitise désordonnée.

74. *L'orgueil des anges rebelles leur fit-il concevoir le désir de s'égaler à Dieu?*

Oui, et ce fut là, précisément, leur péché.

75. *Les anges rebelles ont-ils péché aussitôt après le premier instant de leur création?*

Oui; telle est du moins l'opinion commune des théologiens, après saint Thomas d'Aquin.

76. *Les anges rebelles appartiennent-ils aux ordres supérieurs ou aux ordres inférieurs de la hiérarchie angélique?*

Saint Jean Damascène, et plusieurs docteurs avec lui, pensent que les anges déchus appartenaient aux ordres inférieurs. Saint Grégoire le Grand et saint Thomas d'Aquin enseignent, comme plus probable, qu'un grand nombre appartenait aux ordres supérieurs, et que le chef des révoltés était l'ange le plus élevé de toute la hiérarchie.

77. *La révolte de cet ange influa-t-elle sur la détermination criminelle des autres anges révoltés?*

Oui, et tel est, selon saint Thomas, le sens de cette parole de l'Écriture: le dragon entraîna dans sa chute la troisième partie des étoiles.

78. *Il y eut donc plus d'anges fidèles que d'anges révoltés?*

Oui. C'est le sentiment commun des théologiens, fondé sur l'Écriture.

79. *Y eut-il des rebelles dans tous les ordres de la hiérarchie angélique?*

Oui, probablement, dit saint Thomas d'Aquin. Le docteur angélique observe cependant que l'Écriture sainte n'attribue jamais au démon les noms de certains ordres, tels que les noms de séraphin et de trône [...], tandis qu'elle lui attribue les noms de chérubin, de puissance, de principauté, etc.

80. *Les élus, selon les degrés divers de leur sainteté, seront-ils substitués, dans la gloire, aux anges déchus des divers ordres?*

Oui; la multitude des théologiens l'affirme, avec saint Thomas.

81. *L'intelligence des anges déchus est-elle obscurcie depuis leur chute?*

Leur pénétration naturelle n'a été diminuée en rien; quant aux secrets, qui requièrent une révélation gratuite de Dieu, ils n'en connaissent que ce qui plaît à Dieu de leur en manifester, directement ou par le ministère des bons anges, ou bien ce qu'ils en peuvent découvrir naturellement, par l'observation des actes extérieurs de la Providence et des créatures. Ils n'ont, en aucune manière, la connaissance affective, ou le goût de la vérité.

82. *La volonté des mauvais anges est-elle obstinée dans le mal?*

Oui; c'est une vérité de foi.

83. *Les mauvais anges sont-ils dans de terribles peines?*

Oui; c'est une vérité de foi.

84. *Les mauvais anges subissent-ils leurs peines, et dans l'enfer et au milieu de nous?*

Oui, car il entre dans les desseins de la Providence que notre liberté soit mise à l'épreuve, durant la vie présente, par les suggestions des démons, et que les damnés soient tourmentés par ces mauvais esprits; or, les démons qui nous poursuivent de leur tentation sur la terre ne pouvant être exempts de peines, il faut conclure qu'ils les subissent hors de l'enfer, tandis que les démons exécuteurs des sentences de la justice divine contre les réprouvés, subissent les leurs dans l'enfer même.

Chapitre 2

COMMENT COMMUNIQUER AVEC SON ANGE GARDIEN

*L*es deux façons les plus répandues de communiquer avec son ange gardien sont la prière et la méditation. Il existe d'ailleurs de nombreuses similarités entre les deux et, dans ce cas particulier, le but est ostensiblement le même. Malgré le fait que plusieurs puristes attachés aux caractéristiques de leurs pratiques religieuses tiennent à nuancer les deux termes selon les couleurs de leurs croyances, il n'en reste pas moins que les deux exercices prennent racine dans le cœur de l'homme, cette partie de l'être où les définitions et les descriptions n'ont somme toute aucune importance. Dans ce puits profond, l'âme ne compose qu'avec la conviction des sentiments.

Un chrétien qui prie en égrenant un chapelet ou un bouddhiste qui médite sur un mantra atteignent tous les deux, chacun à sa façon, un état de quiétude et se sentent en communication avec une force surnaturelle, quelle que soit son nom.

Dans son livre intitulé *La prière, un remède pour le corps et l'esprit*, le Dr Larry Dossay relate que les résultats d'une étude réalisée par un cardiologue dans les années soixante-dix abondent dans le même sens, c'est-à-dire que, indépendamment du mode de recueillement, le corps humain répond par des mécanismes identiques. En observant les réactions de l'organisme lorsqu'il est soumis à différentes expériences, en l'occurrence la prière chrétienne, la méditation transcendantale, l'hypnose, la thérapie autogène, la rétroaction biologique (*biofeedback*) et d'autres techniques de détente, le médecin a décelé un dénominateur commun: le réflexe de détente. Ce dernier est déterminé par quelques symptômes physiques, dont le ralentissement des rythmes cardiaque et respiratoire, une diminution de la pression artérielle et de la demande en oxygène. La conclusion de cette recherche met en lumière la réceptivité de l'organisme au recueillement, peu importe l'allégeance religieuse et le moyen utilisé.

En ce sens, l'on peut dire que le corps possède sa propre sagesse puisqu'il sait discerner le désir empreint de sincérité, sans se laisser distraire par l'emballage du contenu et qu'il sait acquiescer à la demande; ce sont les partis pris et les dogmes qui créent les écarts et qui nuisent à la véritable rencontre avec le divin et ses messagers.

Du strict point de vue chrétien, la méditation n'est pas considérée comme l'équivalent de la prière en raison principalement de la mise au «neutre» du mental, provoquée par l'énonciation d'un mantra ou par une visualisation quelconque qui entraîne nécessairement une neutralisation de l'affectif auquel on coupe les vivres. Aussi salutaire et bienfaisant que soit ce moment de grand calme et de paix — surtout dans le contexte social actuel, où l'on a le pied sur l'accélérateur à tout instant, on devrait se prémunir contre l'action agressante du stress en intégrant la méditation dans son horaire quotidien —, il n'est pas perçu comme une prière parce qu'il n'y a pas de rencontre comme telle avec Dieu. Dans les références chrétiennes, cette concentration de l'attention sans images ni pensées correspond plutôt à la contemplation. La gymnastique intellectuelle à laquelle on doit s'astreindre pour s'ouvrir le cœur de façon délibérée dans la méditation nous éloigne de la spontanéité qui, normalement, devrait faire surgir la prière et permettre la communication avec Dieu.

Les tenants de la prière chrétienne préconisent de se recueillir en puisant à même le terreau de sa foi et de se laisser guider par elle pour trouver le chemin des facultés du mystère du cœur, tout comme on se laisse pénétrer avec confiance par le regard amoureux de l'être aimé pour le recevoir et lui répondre. S'alimenter dans le sol fertile de sa foi apporte ainsi un contenu expressif qui nourrit l'âme et anime le centre affectif.

Cela dit, l'on sent désormais une plus grande ouverture de l'Église catholique en ce qui a trait à la méditation, car elle reconnaît maintenant l'utilisation de systèmes ou de formules non chrétiennes dans différentes formes de prières pratiquées actuellement. Ce n'est sans doute pas étranger au fait qu'elle constate l'intérêt sans cesse croissant des chrétiens envers les formes de recueillement méditatif d'origine orientale et ne peut faire autrement que de l'interpréter comme un souhait ardent de se rapprocher de la question divine et de son mystère. Toutefois, l'Église insiste quand même sur le fait que la prière doit correspondre aux fondements de la foi chrétienne, qu'elle ne doit pas tomber dans l'exagération introspective ni mener à un trop grand détachement du monde extérieur. Elle éprouve également quelques réticences quant à la définition parfois trop «égalitaire» de la notion divine qui caractérise l'homme et Dieu. Dans la réalité chrétienne, on ne doit pas perdre de vue que l'amour de Dieu ne se manifeste pas par l'entremise d'une méthode ou d'une technique; Dieu nous fait grâce de ce don dans les moments où nous exprimons et où nous vivons notre spiritualité.

On pourrait tergiverser longuement sur les subtilités et les variantes qui découlent des différentes définitions de la prière et de la méditation. Mais tel n'est pas notre but, car de nombreux auteurs se sont déjà chargés de faire ce travail appliqué, qui a donné suite à autant d'ouvrages. En bout de ligne, ce qui se dégage de ce débat, c'est que le degré d'efficacité alloué à la prière et à la méditation, sans qu'il soit quantifiable, est nettement comparable pour autant que la personne s'adonne à l'une ou l'autre de ces pratiques en y croyant et en s'y abandonnant.

Est-il utile de rappeler que les caractéristiques de la condition humaine sont universelles: la structure physique (chair, peau, os), les facultés mentales et psychologiques (intelligence, rationalité, émotivité, conceptualisation), et les références à l'esprit (convictions spirituelles). Fondamentalement donc, tous les humains de la terre éprouvent les mêmes besoins élémentaires et se posent les mêmes questions existentielles. La reconnaissance d'une force surnaturelle et la nature de l'âme en font partie. Et les moyens utilisés pour combler ces besoins et répondre à ces questions universelles diffèrent selon une foule de paramètres disons changeants, voire extrinsèques, qui tendent à s'harmoniser avec les traditions et les réalités culturelles.

Toute race ou toute religion confondue, et peu importe le véhicule employé – prière ou méditation –, les messages en provenance de l'âme voyagent dans les mêmes ramifications de l'organisme humain, atteignent les mêmes zones intimes, font vibrer les mêmes cordes sensibles pour donner libre cours à la spiritualité.

Sans nous lancer dans une polémique, ou encore un débat interminable, nous vous présenterons ici les caractéristiques de la méditation et de la prière contemplative, ainsi que les façons de s'y livrer, et ce, dans le but avoué d'entrer en communication avec les anges gardiens.

Chapitre 3

LA MÉDITATION CONTEMPLATIVE

ontrairement à ce que l'on pourrait croire, ou à ce que certains voudraient nous faire croire, les systèmes qui régissent la méditation sont très simples et ne relèvent d'aucun culte pas plus que d'un dogme quelconque. Il s'agit plus simplement de ce que l'on pourrait qualifier de question de bon sens. En fait, on parle ici beaucoup plus de suggestions que de préceptes, et qui ont pour but de vous rendre la tâche plus facile et, surtout, plus agréable.

Une attitude positive est essentielle afin que vous puissiez comprendre et maîtriser l'abécédaire des techniques et des méthodes. S'il peut être parfois difficile de s'imprégner de certaines techniques, essentiellement parce que votre esprit conscient peut être réfractaire à certaines notions, il existe d'autres formes de méditation plus facilement praticables. C'est d'ailleurs l'une de celles-là, la méditation contemplative, que nous avons retenue et que nous vous suggérons pour entrer en communication avec votre ange gardien. Vous devrez néanmoins apprendre à mettre de côté toutes les petites pensées qui habitent votre esprit en permanence, particulièrement celles qui vous assurent que vous ne pourrez pas réussir et qui vous font douter que «cela a de l'importance».

VOULOIR ET CROIRE

Il faut avant tout avoir foi en soi, et c'est là l'obstacle le plus important, car nous avons souvent tendance à minimiser notre potentiel et à nous laisser abattre par des écueils pourtant facilement surmontables. Avant de vous lancer dans la pratique de la méditation, vous devez croire que vous arriverez à la maîtriser et que vous obtiendrez de bons résultats. Vous ne pouvez pas entreprendre un exercice de relaxation si vous êtes convaincu que cela ne sert à rien, car vous n'arriverez effectivement pas à vous détendre; si vous considérez que les anges sont insignifiants et n'existent probablement pas, vous ne pourrez pas entrer en communication avec eux. Vous devez donc vous donner une chance, non pas obligatoirement de réussir, mais à tout le moins d'expérimenter, en gardant un esprit ouvert et en faisant taire les petites voix intérieures qui nient les possibilités que votre corps, votre âme et votre esprit recèlent. Mais attention: foi n'est pas crédulité, aussi devez-vous faire vos propres expériences et vous fier à ce que vous ressentez.

En ce sens, sans constance et sans persévérance, vous n'obtiendrez aucun résultat. De la même façon qu'un marathonien doit s'entraîner tous les jours pour améliorer sa performance, vous devez pratiquer la méditation régulièrement afin d'obtenir les meilleurs résultats possibles. La constance — ou la régularité, si vous préférez — est essentielle, surtout lorsque vous débutez, car elle vous permet d'adopter de nouvelles habitudes. Si vous êtes pressé, stressé, par exemple, cela peut vous prendre quelques séances de relaxation avant de parvenir à vraiment vous détendre. Vous devez d'abord reconnaître l'idée que la relaxation n'est pas une perte de temps; vous devez ensuite accepter l'idée que tous les exercices préliminaires font partie intégrante de la méditation, et qu'ils ne constituent pas une perte de temps, un élément futile qui vous retarde dans l'atteinte de votre but.

Ne l'oubliez pas, la méditation se passe au niveau de votre esprit et vous devez l'apaiser (ou le rassurer) avant d'entreprendre l'exploration des niveaux de votre conscience; c'est avec la répétition des actions qui vous y conduisent que vous parviendrez à assimiler le processus, de la même façon, d'ailleurs, que nous le faisons pour chaque nouvelle connaissance que nous acquérons ou pour chaque nouvelle habitude que nous adoptons. La constance doit donc être un de vos maîtres-mots au moment de l'apprentissage, tout comme la persévérance, qui est aussi essentielle. Retenez aussi que la pratique de la méditation s'acquiert par la répétition inlassable des exercices. Il arrive souvent que les premières tentatives s'avèrent vaines, aussi ne vous en étonnez pas, ne soyez pas non plus déçu et ne désespérez pas. Cela n'est rien que très normal: vous vous sentez tendu, stressé et, plutôt que de vous détendre, vous vous crispez, vous vous contractez encore davantage et... vous n'arrivez à rien. Ayez confiance: avec un peu de pratique, vous arriverez à vous détendre et à respirer convenablement.

Vous devez donc apprendre à laisser le temps passer et à ne pas laisser courir votre imagination et vos pensées dans tous les sens. Si après une quinzaine de minutes, vous vous sentez encore aussi (ou plus) stressé qu'au début, laissez tomber; il est préférable que vous recommenciez le lendemain et que vous ne vous tracassiez pas inutilement.

Encore une fois, sachez qu'il est préférable de vous y mettre progressivement, plutôt que vous lancer à bride abattue. Commencez par bien assimiler les exercices de respiration, il vous sera alors plus facile de vous concentrer sur le rythme de votre respiration que sur n'importe quoi d'autre. Une fois que vous respirerez correctement, votre niveau de stress diminuera naturellement, sans effort de votre part.

Choisissez un moment spécifique de la journée pour méditer, un temps où personne n'a besoin de vous, où vous ne serez pas dérangé. Gardez aussi vos séances courtes, pas plus de 15 minutes au début; vous pourrez augmenter ce temps progressivement à mesure que vous ajouterez des exercices ou que vous expérimentez des techniques plus élaborées.

Évitez également de faire trop d'effort, laissez les choses suivre leur cours de façon naturelle (peu importe que le voisin ait réussi à la première séance, ce n'est pas un concours!). Vous devez découvrir votre propre rythme, ainsi que votre niveau d'évolution personnel — nous ne sommes pas tous au même niveau d'évolution et celui-ci est tributaire de notre avancement. Nous reviendrons d'ailleurs sur cet aspect un peu plus loin.

UNE DISCIPLINE PERSONNELLE

La technique de méditation pour entrer en communication avec votre ange gardien que nous vous présentons ici est simple, mais certains faits demeurent, notamment que la méditation est une discipline profondément personnelle. Il s'agit d'abord d'une rencontre avec vous-même à des niveaux que vous ne percevez pas nécessairement dans la vie de tous les jours — il nous faut d'ailleurs reconnaître que l'on sait peu de chose à propos de l'esprit humain. Quels sont ses pouvoirs, ses limites? Même s'il est toujours impossible de répondre à ces questions, force nous est de constater que certains individus tout à fait ordinaires réussissent, chaque jour, des exploits surhumains, poussés par des circonstances exceptionnelles: sans posséder de *dons* particuliers, l'espace de quelques instants, ils deviennent télépathes, clairvoyants, sont dotés d'une force extraordinaire ou font preuve d'habiletés remarquables qu'ils ne possédaient pas auparavant et que, souvent, ils ne conservent pas l'événement achevé.

Rappelons ici que la méditation associe les deux hémisphères du cerveau et lui permet en quelque sorte de changer de fréquence, ce qui nous fait accéder à un état de conscience différent. Ce changement (d'état de conscience) nous permet ainsi d'explorer le monde astral, mais surtout d'élargir notre vision du monde et de l'Univers. Notre esprit s'ouvre ainsi à de nouvelles perspectives, à de nouveaux concepts qui peuvent nous permettre de littéralement transformer notre existence en nous servant de ressources qui nous étaient méconnues jusque-là. Quand on sait que l'homme moyen se sert d'environ 10 % de la capacité de son cerveau, il y a certes espace à découverte!

Mais il est un certain paradoxe puisque, pour atteindre cet état, pour réussir sa méditation, aussi étonnant que cela puisse paraître, «se forcer» pour avancer ne sert à rien, les efforts peuvent même freiner la réussite, car plus on fait d'efforts, plus on s'oblige à obtenir des résultats, plus on se met de la pression et moins on est en mesure de se détendre. Au contraire de la plupart des autres disciplines, vous devez, ici, vous détendre, prendre votre temps.

En ce sens, la méditation est une discipline très personnelle que l'on ne peut vraiment partager avec personne. Même les méditations de groupe, excellentes pour créer des sources d'énergie qui servent habituellement à travailler à de nobles buts (entre autres le contact avec les anges gardiens), nous ramènent à notre propre individualité lorsque nous commençons les exercices.

CE QUE VOUS DEVEZ ABSOLUMENT SAVOIR

Bien qu'il soit possible de méditer n'importe où, n'importe quand et dans n'importe quel environnement, il est entendu que vous aurez besoin d'un plus grand niveau de concentration si vous décidez de méditer au milieu du salon, alors que la famille écoute la télévision — quoi que ce soit aussi tout à fait réalisable. Cependant, si vous avez atteint ce niveau, je ne crois pas que ce livre vous apprenne quelque chose de réellement nouveau; le but de cet ouvrage étant plutôt de s'adresser à ceux et à celles qui ne connaissent pas trop bien la méditation, qui ressentent le besoin d'évoluer spirituellement, d'expérimenter des concepts qu'ils ne maîtrisent pas, pour éventuellement entrer en communication avec leur ange gardien.

Dans ce cas, vous devez vous assurer de quelques conditions (minimales) qui n'ont pour but que de vous aider à méditer. Encore une fois, il s'agit de conseils, et non pas de règlements. Mais si vous ne maîtrisez pas encore la technique de base et si vous essayez, malgré cela, de vous livrer à la méditation dans un endroit bruyant ou passant, il y a de forts risques qu'il vous soit difficile, voire impossible, de vous concentrer, ou même simplement de vous détendre. Il est donc préférable que vous recherchiez un endroit tranquille pour méditer, un endroit où vous ne serez pas importuné et où vous pourrez être assuré que personne ne viendra vous déranger pendant environ une heure.

Choisissez un moment de la journée ou de la soirée où vous vous sentez bien, où vous n'êtes pas trop fatigué; si vous tombez de sommeil, il est préférable de dormir plutôt que d'essayer de méditer, car vous avez besoin d'être dispos afin de pouvoir vous concentrer. Optez aussi pour un moment où il n'y a pas trop de travail qui vous attend, car si vous passez votre temps à vous répéter que vous devriez être en train de faire ceci ou cela, vous ne pourrez bénéficier des bienfaits de votre méditation. Ce que vous devez retenir, finalement, c'est que vous devez prendre du temps pour vous, sans vous sentir coupable de le faire. C'est essentiel surtout au début, particulièrement si vous éprouvez des difficultés à vous concentrer ou si vous considérez que la méditation n'est pas essentielle pour votre bien-être. Avec le temps, vous en viendrez à reconnaître que ce moment d'arrêt dans vos activités quotidiennes est bénéfique, tant pour vous que pour votre entourage car vous deviendrez plus calme et plus serein, et mieux à même de faire face aux problèmes et de trouver des solutions.

GÉNÉRALITÉS

Les premiers exercices de méditation concernent la respiration et l'oxygénation, vous devez donc être en mesure de respirer un air sain (dans la mesure du possible). Si vous le pouvez, optez aussi pour une pièce en retrait de l'activité de la maisonnée. Rien n'est plus désagréable, lorsque vous méditez, d'entendre des portes claquer ou le va-et-vient des autres. Voici d'autres points importants.

* *Comment dois-je me vêtir lorsque je médite?*

  Il n'existe aucune règle particulière à ce sujet. Vous devez simplement vous sentir à l'aise. Vous constaterez rapidement par vous-même qu'il est plus difficile de vous détendre si vos pantalons sont trop serrés ou si votre soutien-gorge vous coupe le souffle! Vous devez donc vous sentir totalement à l'aise dans vos vêtements. Le but de ceux-ci est avant tout de garder votre corps à une température confortable et, en ce sens, les extrêmes sont déconseillés car ils ne vous prédisposent pas à la détente. Il est assez difficile de se relaxer si l'on frissonne, de la même façon qu'une trop grande chaleur peut aussi être incommodante.

- *Quelle posture dois-je adopter?*

Que voilà une question dont la réponse nous renvoie à l'imaginaire! Le cinéma, tout autant que la littérature, présentent ou évoquent parfois des postures pour le moins étranges, sans compter qu'on a aussi tendance à confondre méditation et yoga! Si certaines méthodes ou techniques peuvent effectivement exiger des postures spécifiques, dans le cas présent, pour cette méthode que nous vous suggérons, il s'agit simplement d'une question de bien-être, de confort. La méditation n'est pas un exercice de torture et vous supplicier n'améliorera pas votre performance et n'augmentera pas votre niveau de conscience. En règle générale donc, la position assise est celle que la plupart de ceux qui pratiquent la méditation privilégient car c'est une position dans laquelle l'on est à l'aise et qu'il est possible de conserver pendant environ une heure — c'est aussi celle qui exige le moins d'énergie. On déconseille habituellement la position couchée car il est facile, surtout au début, de sombrer dans le sommeil.

- *Ai-je besoin d'accessoires particuliers?*

Certaines méthodes et techniques de méditation préconisent effectivement l'usage d'objets spécifiques pour méditer. Ce n'est toutefois pas le cas avec la méthode que nous vous suggérons, à moins que vous ne constatiez qu'un accessoire (une bougie ou un quartz, par exemple) puisse faciliter votre concentration. Plus pratiquement, nous pourrions résumer en disant que vous pouvez vous servir de quelque chose, n'importe quoi, pour autant que ce «quelque chose» — objet, son ou idée — devienne le centre de votre univers, vous permettant ainsi de libérer votre esprit de ses préoccupations quotidiennes. Il s'agit essentiellement d'un choix personnel.

LE BUT ULTIME

Lorsque vous méditez, vous vous concentrez sur la solution plutôt que de ruminer le problème et ainsi vous buter aux limites que vous vous êtes fixées, la plupart du temps inconsciemment. Vous ne perdez donc pas votre temps à combattre le problème, mais plutôt à ouvrir votre esprit aux solutions qui existent. Ce faisant, vous vous donnez l'occasion de faire de nouvelles connaissances, d'expérimenter de nouvelles choses et vous devenez plus fort pour affronter les inconnues qui surgissent dans votre quotidien. Ce moment de calme vous permet ainsi de transformer votre angoisse en sentiment positif et de vaincre les obstacles.

Lorsque vous vous retirez pour méditer, vous ne devez pas ressasser vos échecs, vos erreurs ou vos manquements, vous devez vous concentrer sur ce que vous désirez obtenir — santé, prospérité, richesse, etc. En appelant les anges gardiens à votre aide, vous sentirez en outre la présence qui calme votre angoisse, qui apaise vos craintes et vos peurs, qui vous fait oublier toutes les petites vicissitudes quotidiennes. Ces périodes de calme vous reposeront et renouvelleront en quelque sorte votre esprit.

LES EXERCICES DE BASE

Avant de vraiment méditer, comme nous l'avons dit précédemment, vous devez tout d'abord apprendre à bien respirer et à mieux vous détendre. En ce sens, la respiration et la relaxation sont des exercices préliminaires si importants qu'il arrive souvent qu'on les intègre à certaines techniques de méditation plus «pointues», comme l'atelier de transformation, les exercices de visualisation ou de voyage astral.

Ces exercices préliminaires vous permettent de vous placer en état de réceptivité face à la partie plus spirituelle de votre travail de méditation. La respiration vous permet ainsi de mieux contrôler votre rythme cardiaque et le flot de sang qui circule dans vos veines, alors que la relaxation vous permet de placer votre corps physique dans un état de repos qui nécessite peu de surveillance de la part de votre conscience. La respiration contrôlée ainsi que les exercices de relaxation vous permettent de surcroît de détendre votre esprit et de libérer votre conscience de tous les petits problèmes du quotidien qui vous empêchent de vous concentrer sur des problèmes plus essentiels à votre survie et à votre développement personnel. Il est capital de toujours prendre du temps pour effectuer ces exercices avant chaque séance de méditation proprement dite.

Il existe d'excellentes cassettes audio pour vous aider à respirer convenablement, de façon à maximiser les bénéfices de votre exercice de méditation, comme il en existe aussi pour la relaxation; ces cassettes audio vous permettront de vous détendre en suivant les indications du commentateur. Cela dit, vous pouvez également enregistrer vos propres textes en suivant les conseils que nous vous donnons ci-dessous.

MAÎTRISER VOTRE RESPIRATION

La respiration est un processus vital qui nous permet de rester en vie. On peut se passer de nourriture et même d'eau pendant quelque temps, mais on ne peut se passer d'air plus de quelques minutes. Toutefois, il s'agit d'une fonction si naturelle que l'on y accorde habituellement peu d'attention et pourtant, la respiration est une clé très importante du bien-être de chacun, tant physique que spirituel. Bref, au-delà du fait que cesser de respirer équivaut à cesser de vivre, la respiration constitue un de nos outils de transformation les plus précieux. Grâce à celui-ci, nous brûlons des toxines, nous relâchons des tensions et des émotions, nous changeons la structure de notre corps, ainsi que celle de notre conscience.

Bien entendu, il existe plusieurs techniques de contrôle de la respiration. Nous vous en présentons une, très simple, qui donne d'excellents résultats et peut se pratiquer n'importe quand lorsque vous voulez rétablir le calme en vous et atténuer l'impact ou l'influence du stress.

Voici cette technique: concentrez-vous sur votre respiration; inspirez en comptant lentement jusqu'à 4, puis retenez votre respiration en comptant lentement jusqu'à 2. Expirez alors lentement, en comptant jusqu'à 4. Gardez vos poumons vides en comptant jusqu'à 2. Et vous recommencez: inspirez sur le compte de 4, gardez l'air dans vos poumons sur le compte de 2, expirez lentement sur quatre temps et gardez vos poumons libres en comptant jusqu'à 2.

Au début, cela peut sembler un peu difficile, mais vous en prendrez vite l'habitude. Répétez ce rythme jusqu'à ce qu'il devienne spontané. Toutefois, si ce rythme ne vous convient pas, pratiquez l'exercice jusqu'à ce que vous ayez trouvé le rythme qui vous est le plus facile, allongez ou raccourcissez les temps de compte — il n'existe pas de rythme meilleur qu'un autre, ce qui importe c'est que vous découvriez la mesure qui vous convient le mieux. Apprendre à respirer correctement est essentiel pour ressentir les bienfaits de la méditation; nous irons même plus loin en affirmant que si vous ne respirez pas convenablement, vous n'arriverez pas à méditer.

LES CLÉS DE LA DÉTENTE

Si la relaxation est également essentielle pour arriver à méditer, ses bénéfices peuvent être ressentis sans même que vous vous livriez à la méditation, car la détente permet un lien plus direct avec la terre et l'énergie de la vie; elle vous permet aussi de prendre conscience de votre corps d'une façon particulière, plus intime que d'habitude. Vous découvrez en quelque sorte votre corps par l'intérieur, et non comme vous le voyez habituellement à l'aide d'un miroir.

Vous pouvez aussi vous procurer une cassette préenregistrée pour vous aider à vous détendre comme vous pouvez écouter de la musique douce; vous pouvez pratiquer cet exercice dans la position assise ou couchée, mais vous pouvez aussi permuter, c'est-à-dire vous étendre pour la relaxation et ensuite vous asseoir pour la méditation.

Dans le but de vous faciliter la tâche, voici deux textes que vous pouvez vous-même enregistrer (bien sûr, vous n'en choisissez qu'un, celui qui vous convient le mieux). C'est une préparation idéale pour la méditation.

TEXTE DE DÉTENTE 1

Je prends une grande respiration, j'expire lentement et je pratique pendant quelques minutes la respiration rythmée, jusqu'à ce qu'elle me devienne familière.

Je m'installe confortablement et je calme mon esprit.

Je me sens complètement détendu, mon corps est lourd, de plus en plus lourd.

J'ai l'impression que mon corps repose sur une plage et qu'il s'enfonce lentement dans du sable chaud.

Je me sens bien, complètement en sécurité, rien ne peut m'atteindre ni me déranger.

Je dirige mon attention sur mes pieds, mes orteils sont complètement détendus; mes talons deviennent lourds et s'enfoncent lentement dans le sable. Mes pieds sont complètement détendus. Je sens tous les muscles et les tendons de mes pieds se détendre.

Mes chevilles se détendent à leur tour, je les sens s'enfoncer doucement dans le sable, elles deviennent de plus en plus lourdes...

C'est maintenant au tour de mes jambes de se détendre, tous les muscles de mes mollets relaxent complètement, mes jambes sont de plus en plus lourdes, elles s'enfoncent lentement dans le sable chaud. Je sens la lourdeur de la journée s'échapper de mes muscles.

Je me sens bien, tout mon corps se détend et se sent imprégné d'une douce chaleur. Toutes mes pensées sont concentrées sur mon corps qui se détend; je me laisse bercer doucement par le rythme de ma respiration et je me détends. Tous mes soucis s'éloignent pour quelques instants, je calme mon esprit et je me concentre maintenant sur le haut de mes jambes.

Mes cuisses deviennent lourdes et s'enfoncent doucement à leur tour. Je me sens bien, complètement détendu. Je laisse mes pensées s'échapper et, peu à peu, j'oublie les bruits qui m'entourent, ils sont toujours là mais je n'y porte plus attention. Je pense seulement à mes muscles qui deviennent indolents.

Mon ventre et mes fesses se détendent aussi, je m'enfonce confortablement dans le sable en prenant conscience de ma réalité corporelle. Mon corps est un instrument incroyable qui me sert tous les jours et en me détendant je lui fais montre de mon estime.

Je respire profondément, et à chacune de mes inspirations, je sens mon corps se détendre encore plus.

Mes bras se détendent complètement, ils sont maintenant si lourds que je ne peux les lever, ils s'enfoncent eux aussi lentement dans le sable. Chacun de mes doigts se crispe et se décrispe lentement à mesure que mes avant-bras et mes poignets se détendent. Je pense à mes mains qui travaillent si fort pour me servir dans toutes mes tâches et je les sens se relaxer complètement.

Je continue à respirer lentement, profondément, et mon thorax se détend; je prends conscience de mes poumons qui se remplissent et se vident alternativement pour me garder en vie.

C'est maintenant au tour de mes épaules et de mon cou à se détendre. Au même moment, je ressens une sensation de bien-être profond parcourir tout mon corps et m'envahir complètement.

Ma respiration se fait plus profonde à mesure que ma cage thoracique se détend, je laisse aller tous mes problèmes pour ressentir pleinement le miracle de ma respiration.

Je respire toujours lentement, toujours profondément, je vais garder ce rythme de respiration tout au long de l'exercice, je n'ai pas à me soucier de mes respirations, elles vont s'effectuer à ce rythme lent et profond pendant toute la durée de cet exercice.

Je détends maintenant ma tête, de la pointe de mes cheveux à ma gorge, je sens mon cerveau se détendre, mes yeux sont complètement détendus, mes oreilles se détendent, ma bouche et mes lèvres sont complètement relaxées.

Tout mon corps est maintenant lourd et détendu, je suis incapable de bouger, mais c'est un sentiment bienfaisant. Je m'enfonce dans le sable chaud et mon corps est complètement soutenu par celui-ci. Une douce chaleur m'envahit et je me sens bien.

Je me sens complètement détendu et je sens l'énergie parcourir mon corps, je sens mon lien avec celui-ci, je suis parfaitement bien.

Vous devriez maintenant être prêt à aborder la méditation.

La prochaine méthode de relaxation diffère quelque peu de la précédente, en ce sens qu'elle vous permet de contrôler physiquement votre niveau de détente. Cet exercice est tout particulièrement recommandé à ceux qui débutent. Au même titre que l'exercice précédent, vous pouvez enregistrer le texte sur une cassette audio, et suivre les instructions à mesure qu'elles vous seront données.

TEXTE DE DÉTENTE 2

Commencez par régulariser votre respiration, il s'agit d'une fonction physique tout à fait naturelle. Concentrez-vous sur votre respiration.

Concentrez-vous sur vos pieds. Agitez-les. Crispez vos pieds pour tendre vos muscles, puis laissez-les se détendre complètement. Répétez cette action à quelques reprises jusqu'à ce qu'il n'y ait plus de tension dans vos pieds et dans vos chevilles.

Concentrez-vous maintenant sur vos mollets. Crispez les muscles de ceux-ci et relâchez la tension. Répétez cette action jusqu'à ce que vous sentiez les muscles de vos mollets se détendre complètement.

Concentrez-vous sur les muscles de vos cuisses. Crispez-en les muscles et relâchez la tension. Tendez-les et détendez-les à quelques reprises jusqu'à ce que toute tension disparaisse.

Concentrez-vous maintenant sur les muscles de vos fesses. Serrez-les et ensuite détendez-les jusqu'à ce qu'elles soient complètement libres de tension.

Concentrez-vous maintenant sur les muscles de votre abdomen, c'est un site privilégié de tension, portez-y une attention particulière. Crispez les muscles de votre ventre et relâchez; répétez cette action jusqu'à ce que vous sentiez les tensions vous quitter complètement. Respirez profondément, vous allez sentir l'oxygène pénétrer plus avant dans votre corps.

Concentrez-vous sur vos mains. Fermez les poings, puis détendez-les doucement. Répétez cet exercice jusqu'à ce que vous sentiez vos doigts se détendre complètement et vos mains s'ouvrir doucement.

Concentrez-vous maintenant sur vos bras et vos avant-bras. Tendez vos muscles et détendez-les jusqu'à ce que vous sentiez vos bras devenir lourds et complètement détendus.

Concentrez-vous sur votre dos, tendez les muscles de votre dos et détendez-les jusqu'à ce que vous sentiez votre dos s'enfoncer comme dans du sable.

Concentrez-vous maintenant sur votre poitrine, crispez vos muscles et détendez-les à quelques reprises, jusqu'à ce que vous sentiez les tensions vous quitter.

Concentrez-vous sur vos épaules. Bougez vos épaules, crispez-en les muscles à plusieurs reprises afin de vous débarrasser de toutes les tensions accumulées. Répétez cette action jusqu'à ce que vous sentiez vos épaules s'enfoncer légèrement comme dans du sable.

Concentrez-vous sur votre cou. Tendez vos muscles et détendez-les jusqu'à ce que vous sentiez les tensions vous quitter.

Concentrez-vous sur votre visage, serrez les dents puis relâchez; répétez à quelques reprises afin de faire disparaître toutes les tensions.

Concentrez-vous sur votre cuir chevelu, froncez les sourcils, puis détendez-les afin de libérer les tensions de votre cuir chevelu.

Crispez maintenant tous les muscles de votre corps en vous tenant le plus rigide possible, et détendez-vous en vous laissant aller autant que vous le pouvez. Répétez cette action à trois reprises. La troisième fois, inspirez profondément lorsque vous crispez votre corps et expirez en soupirant lorsque vous vous détendez.

Vous êtes maintenant prêt à aborder la méditation.

LA MÉDITATION CONTEMPLATIVE

La méditation contemplative est la forme la plus connue et la plus pratiquée de méditation; il s'agit de la méditation spirituelle qui se penche sur l'existence de la vie, de notre propre existence jusqu'à celle de Dieu et de ses messagers, en passant par le rôle que nous avons à jouer dans l'Univers.

C'est à travers cet exercice que l'homme apprend à se connaître et à reconnaître son potentiel spirituel; c'est aussi avec la pratique de cette forme de méditation que l'on peut atteindre, ultimement, l'extase mystique, car c'est dans le silence de la contemplation que l'on est en mesure de ressentir la présence de l'Être suprême. Ainsi, quelles que soient vos croyances personnelles, que vous vous adressiez au Dieu chrétien, aux anges gardiens ou à quelque autre entité supérieure, c'est dans le silence contemplatif que vous serez le plus à même de ressentir sa présence. Au contraire de ce que vous croyez peut-être, la technique est tout ce qu'il y a de plus simple. Pas besoin de grande théorie de méditation, pas besoin de mantras spéciaux, il vous suffit simplement de vous retirer dans un endroit confortable et de choisir un ou plusieurs mots qui possèdent une signification parti-culière pour vous — ici, pensez au nom de l'ange gar-dien avec lequel vous souhaitez communiquer — et d'y porter toute votre attention.

Imprégnez-vous de son nom — faites-le silencieu-sement en vous efforçant de ne penser qu'à lui. Chassez toutes les autres pensées de votre esprit en vous con-centrant uniquement sur lui, faites-en le centre de votre univers. Lorsque d'autres pensées vous viennent à l'es-prit, récitez le nom de l'ange comme une litanie afin d'emplir votre conscience de celui-ci, les autres pensées seront alors automatiquement chassées. Laissez-vous baigner par son nom et son symbolisme et faites-les croître dans votre conscience. Petit à petit, vous allez sentir se développer des idées autour de ce nom; continuez jusqu'à ce que vous soyez habité d'une certitude paisible. Vous aurez à ce moment l'assurance que tout ira bien et que vous pouvez obtenir ce que vous désirez, car vous serez en harmonie avec les anges gardiens qui feront tout en leur pouvoir afin de vous conduire au résultat que vous désirez.

Oubliez toutes vos idées préconçues concernant la méditation. Gardez simplement à l'esprit que méditer signifie considérer profondément et continuellement quelque chose — ici, la puissance des anges gardiens. Pas besoin de passer de longues heures en contemplation; une quinzaine de minutes suffiront probablement à vous calmer et à faire le lien avec eux.

Chapitre 4

LA PRIÈRE POUR TOUS

Certains, moins à l'aise avec la méditation pour des raisons personnelles, préfèrent utiliser la prière pour entrer en communication avec les anges gardiens. Le moyen est tout aussi efficace.

Cela dit, il n'est pas inutile de se pencher un peu plus sur ce qu'est la prière pour mieux la comprendre, mais aussi pour mieux saisir comment elle permet d'entrer en contact avec Dieu et ses messagers. Certes, les définitions de la prière sont multiples, mais celles que l'on trouve dans les dictionnaires nous aident déjà à nous mettre sur une piste — on remarquera qu'il est très difficile de dissocier la prière d'avec sa connotation religieuse car, depuis le début des temps, elle a toujours été intimement reliée aux rites et aux cérémonies religieuses de toutes les civilisations. Ainsi, selon que l'on soit religieux ou non, la signification que l'on accorde à la prière peut être davantage orientée dans cette direction plutôt que vers d'autres moins traditionalistes, et plus «englobantes».

Le Petit Robert définit la prière comme étant un «mouvement de l'âme tendant à une communication spirituelle avec Dieu, par l'élévation vers lui des sentiments (amour, reconnaissance), des méditations». C'est un moment que l'on prend pour s'adresser à Dieu, à un être surnaturel (Marie, Jésus, les saints, les anges) pour élever son âme. Quant au *Petit Larousse*, il décrit la prière comme étant un acte par lequel on s'adresse à Dieu, à une divinité pour exprimer l'adoration ou la vénération, une demande, une action de grâces. Par ces deux seules définitions, on voit poindre immédiatement le dénominateur commun qu'est le désir presque inné de l'humain de communiquer avec une puissance surnaturelle.

Les premiers moines ont amené l'idée que la prière était non seulement un moyen privilégié par lequel on pouvait communiquer avec Dieu et ses messagers, mais aussi une façon d'apprendre à se connaître soi-même. Lorsqu'il se recueille dans la prière, l'homme est ainsi amené à découvrir le reflet de Dieu en lui, à se rendre compte de sa propre capacité d'aimer et de semer le bien sur son passage. Toujours en priant, l'homme doit en contrepartie faire le constat de ses défauts avec humilité afin qu'émerge son potentiel d'amour, il n'a alors d'autre choix que de reconnaître ses faiblesses et de s'en guérir. Dans cette rencontre avec le divin, l'homme ne peut que se voir tel qu'il est vraiment, que toucher à son essence profonde. Ces moments de réflexion sincère le transforment indubitablement, car en état de prière, l'individu se distancie de la réalité matérielle, il entre en contact avec ce qui l'émeut et ce qui lui apparaît essentiel. Il écoute son âme, il apprend à percevoir son identité intérieure véritable, à discerner ses envies profondes (désir d'implication communautaire, de créativité, d'aide, de se sentir utile, etc.), à ressentir ce qui l'anime. En état de prière, aucune obligation de correspondre à des normes extérieures de réussite sociale ne pèse sur la conscience, aucun standard prédéfini ne prévaut. La prière n'a que faire des avoirs et des titres. La prière est le porte-voix du cœur mis à nu.

Avec la résurgence de la prière à l'intérieur de différents modes d'introspection non religieux, des définitions moins puristes ont émergé. La survivance de la prière jusqu'à nos jours en incite d'ailleurs plusieurs à donner leur propre définition de ce qu'ils considèrent comme un formidable véhicule d'espoir et de force retrouvée.

Plusieurs pensent que l'essence même de la prière ne se situe pas que dans les mots d'un texte ou dans son énonciation à des moments déterminés pour des besoins précis. La prière déborde les cadres définis par les codes religieux. Intrinsèquement, elle est une attitude du cœur, une ouverture de l'âme, un désir intérieur sincère de rallier ce qui vient du plus profond avec ce qui est au-dessus de nous. En ce sens, lorsque la prière ne se limite pas à être une parole, un hymne, un cantique, elle est une disposition de l'âme, un état pouvant se traduire par un geste empreint de compassion à son travail, une conversation empathique ou une écoute authentique envers une ou des personnes en situation de détresse.

Toutes formes d'actions qui amènent un échange réel, un sentiment de connexion avec l'autre sont aussi des manières de prier. Pour plusieurs, la prière se situe au niveau du ressenti et s'exprime selon ce qui monte en leur for intérieur. Les paramètres connus existants ne doivent pas être considérés comme les seules formes d'expression que peuvent prendre la prière, car tous ne sont pas habiles avec les mots, tous ne sont pas à l'aise dans le silence total, tous ne veulent pas nécessairement se rendre à l'église pour se recueillir. En écoutant l'écho de son âme, chacun peut prendre conscience de la voie qui lui semble la plus appropriée pour acheminer ses pensées intimes afin de se faire du bien et de faire le bien autour de lui. Il vaut donc mieux de pas orienter la prière, mais plutôt se servir d'elle comme un guide vers son dessein.

Faut-il être religieux pour prier? Que voilà une question épineuse qui touche l'une des cordes les plus sensibles de l'être humain et qui soulève des passions. Les opinions diffèrent quant au critère religieux auquel la prière doit répondre. Les ecclésiastiques enseignent que la voie religieuse est essentielle pour que la prière reçoive audience auprès du Très Haut; les pratiquants assidus disent que la prière ne peut avoir de valeur que si l'on manifeste sa croyance à Dieu et sa fidélité au culte. Les intégristes disent qu'on ne peut véritablement prier que si l'on appartient à leur religion.

D'autres assurent pourtant qu'il est possible de prier et de vouloir communiquer avec une force surnaturelle de l'au-delà, les anges pour notre propos, sans être obligatoirement affilié à une religion ou sans s'adresser nécessairement à un dieu. Tout cela nous conduit à affirmer que la prière est d'abord une affaire de conviction, de sincérité. Une humble pensée ressentie franchement est beaucoup plus efficace que la fuite des idées dans des paroles pieuses, prononcées machinalement dans une église devant un prêtre. La prière dite par obligation n'enclenche pas de véritable conversation avec Dieu ou ses messagers les anges – même si, extérieurement, le geste correspond aux normes définies par la religion – parce qu'elle n'est pas intentionnée; elle est vide de sens et d'intention, et en conséquence n'atteint pas son objectif. Toutefois, il importe de souligner que chez les personnes religieuses dont les convictions sont profondes, la prière se trouve renforcée par leur foi inébranlable et les fait accéder à la sphère divine en laquelle ils croient sincèrement.

La perception confuse qui nous incite à relier inéluctablement religion et prière vient du fait que cette dernière fait partie du paysage rituel de toutes les religions, lesquelles inculquent à leurs fidèles des façons de s'adresser à leur dieu ou à leur conception divine à l'intérieur de balises s'harmonisant avec leur culture. Mais la prière en soi n'est pas religieuse, elle est spirituelle, elle a à voir avec l'esprit, le fond de l'âme, l'essence même de l'humain et de son acceptation de l'impalpable. On peut croire intensément à l'existence d'une dimension surnaturelle sans que celle-ci porte le sceau d'une religion en particulier et sans qu'on ressente le besoin d'adhérer à cette religion.

Il n'y a pas de demi-mesure quand il s'agit d'avoir la foi, on ne peut pas avoir juste un petit peu de foi! La foi, c'est l'assurance absolue et inébranlable que l'on ressent envers quelque chose qui ne se voit pas. Les personnes convaincues dégagent d'ailleurs une sorte de hardiesse et d'affirmation qui les font, la plupart du temps, atteindre leurs buts en sachant tirer profit des embûches et s'allier les renforts propices. Le dicton «la foi soulève des montagnes» prouve que le pouvoir qu'on lui alloue est incommensurable.

Réunie à cette foi, la prière devient plus qu'une simple formulation de requête auprès du divin et de ses messagers, elle est la certitude de la présence perpétuelle de l'infiniment bon dans la vie et de son assistance. À son contact, l'instant présent revêt toute son importance puisqu'il est une manifestation divine à travers nous.

Les comportements que l'on adopte, les relations interpersonnelles que l'on établit, l'accomplissement des gestes du quotidien en disent long sur les croyances et la foi de quelqu'un. La communication régulière et sincère entre une personne et les anges, par exemple, fait en sorte que celle-ci élargit son champ de conscience et ne se limite plus aux seules réalités physiques. Elle s'appuie sur une force qu'elle ne voit pas, mais qu'elle ressent et à laquelle elle a accès à n'importe quel moment; elle sait qu'il suffit de s'y brancher. La prière permet ce contact avec l'immatériel en enjambant le pont érigé par la foi.

S'abandonner au mystère de l'Insondable en ne se laissant pas influencer par les images, les représentations illustrées ou les descriptions suggestives, en ne se laissant pas diriger par les dictées de conduite que l'on nous propose, mais en s'ouvrant plutôt aux différentes possibilités de dialogue avec le divin et ses messagers pour sentir que l'on se joint à un Tout, voilà l'un des plus grands pouvoirs de la prière.

PLUS QU'UNE SIMPLE DEMANDE

Pour bon nombre de gens, la prière se résume au mot «demande», ce qui constitue une vision simpliste et réductrice. Cela peut être attribuable en partie à leur interprétation trop restreinte d'une phrase de l'évangile selon saint Jean: «Tout ce que vous demanderez en mon nom, je le ferai.» D'autre part, cela peut aussi s'expliquer par le fait que, la nature humaine étant ce qu'elle est, un individu qui se sent dépassé par les événements, qui n'a plus d'emprise sur sa vie, qui se rend compte qu'il a épuisé toutes ses ressources ou qu'il est grugé par la maladie s'en remet alors presque instinctivement entre les mains d'une force plus grande que la sienne, et l'ange gardien s'impose très souvent comme l'entité d'essence divine la plus près de nous.

Cela dit, sans en être l'unique composante, la notion de demande fait partie intégrante de la prière. Mais encore faut-il savoir comment demander. Plus fondamentale que la demande elle-même est la manière de la formuler, de présenter sa requête à l'Être suprême ou à ses messagers.

Les lamentations et les longues supplications qui naissent de la désespérance sans but et sans espoir ont peu de chances d'être exaucées, car un appel au secours doit comporter des désirs à combler, des besoins à satisfaire pour orienter l'aide à recevoir. Par exemple, une personne aux prises avec un problème de santé a intérêt à insister sur l'effet bénéfique qu'aura sa guérison dans sa prière afin que son propre courage s'en imprègne et soit attisé: «Dieu, Force divine, anges gardiens, je dois me remettre sur pied pour le bien de ma famille; aidez-moi à guérir pour que j'accomplisse ces projets qui me tiennent tant à cœur; il est important que je me rétablisse pour cette raison.» Dans ce genre de demande, il importe de remarquer que l'on sollicite de l'aide pour arriver à un but clair et précis, et que l'on ne s'en remet pas entièrement et complètement à la seule volonté de Dieu ou de ses messagers.

Cette prière inclut un engagement implicite de la personne dans son processus de guérison et provoque aussi une stimulation de ses capacités personnelles, renforçant ainsi les probabilités positives des résultats. Le demandeur n'est pas un implorant larmoyant et passif qui s'apitoie sur son sort, c'est un être conscient de ses faiblesses et de ses difficultés qui aspire à s'améliorer et à bonifier sa vie en s'appuyant sur une force surnaturelle. La foi en une assistance perpétuelle renforce le sentiment de protection; elle solidifie la confiance et amoindrit l'influence des événements extérieurs.

Parfois, la demande occasionne des surprises auxquelles on ne s'attend pas; nous parlons ici de l'effet paradoxal que peut produire la prière. Plus particulièrement lorsqu'on s'ouvre à Dieu ou à son ange gardien et qu'on lui demande d'intervenir sur le plan des biens matériels ou des situations extérieures, il arrive très souvent que le changement s'effectue plutôt à l'intérieur de la personne. Le fait de prendre un temps d'arrêt, un temps de réflexion, de faire un effort de formulation quant au besoin éprouvé permet de se rendre compte de la pertinence réelle de la demande et suscite l'émergence de sentiments différents. Car le désir de posséder des biens matériels dissimule toujours des raisons plus profondes: on essaie la plupart du temps de combler le vide intérieur creusé par le manque d'attention, les carences d'amour et le besoin de valorisation en acquérant des choses extérieures. La demande exprimée dans l'intimité d'une prière aide à établir la connexion avec la source même du sentiment de privation, à faire vibrer la ou les cordes sensibles et à s'apercevoir que l'objet convoité n'est pas le véritable motif de la doléance.

Lorsque tel est le cas, l'individu qui accepte de ressentir ce qui agite le cœur de son âme et de montrer sa vulnérabilité se rapproche de lui-même et du divin. Il y a de fortes chances qu'il changera le cap de ses valeurs et qu'il appréciera davantage ce qu'il possède déjà ainsi que ce qui l'entoure. Les plus petites choses du quotidien prendront une tout autre signification puisque, dans le discernement de sa réflexion, il aura compris que l'origine de ses carences provient de tous ces menus gestes accomplis de façon anodine au fil des jours.

LA (RE)DÉCOUVERTE DE SOI

Créant des ouvertures insoupçonnées avec l'ordre du surnaturel, le recueillement favorise l'introspection et le questionnement intérieur. La prière, lorsqu'elle émane d'un sentiment provenant du centre de l'âme, peut servir de guide à la découverte et à la révélation de son moi. En faisant taire la rumeur omniprésente des qu'en-dira-t-on et de l'autocensure, en contrecarrant la tendance à la fabulation et en se mettant tout simplement en mode d'écoute, on peut rejoindre le cœur même de son identité, de sa personnalité propre.

Un honnête face-à-face avec soi prend forme dès que l'on installe un climat d'intimité avec les parties les plus secrètes de son être et que l'on se pose une question aussi élémentaire que: «Qui suis-je vraiment?» C'est alors que des impressions ne tardent pas à monter, que des images se mettent à défiler. Des bribes de réponse apparaissent et viennent confirmer ou infirmer la perception que l'on a de soi ainsi que la cohérence du discours que l'on utilise pour définir sa vie. Ces moments de réflexion à cœur ouvert en liaison avec le divin, au cœur de l'être, permettent à l'individu d'entrer en contact avec sa nature réelle, avec ses désirs véritables et de s'interroger sur sa capacité à les concrétiser.

Dans le contexte actuel, il est très difficile de rester fidèle à soi-même. On sait à quel point nos sociétés contemporaines obligent systématiquement les êtres humains à se définir par l'entremise de leur titre professionnel, de leur savoir ou de leurs possessions matérielles, c'est-à-dire par leur potentiel à correspondre à des normes extérieures — il est parfois sidérant de constater le malaise dans le regard ou l'hésitation dans la voix de quelqu'un quand on lui demande ce qu'il fait dans la vie. Plusieurs sentent automatiquement le poids du jugement dans cette question parce qu'ils acceptent de se laisser évaluer d'après le genre d'emploi qu'ils occupent, leur salaire hebdomadaire ou le nombre d'employés sous leur gouverne. Ce genre de question n'ébranle pas la personne en harmonie avec elle-même qui, forte de son unicité, assume ses choix sans être déconnectée de son moi véritable et sans jamais ressentir le besoin de se justifier.

Quand on est seul avec soi-même, on va nécessairement à la rencontre de la présence divine qui existe en nous. Pendant ce qui prend l'allure d'un examen de conscience, il n'y a pas d'esquive possible, on ne peut échapper à ses peurs, on ne peut nier impunément, on n'a d'autre choix que de laisser tomber les masques et d'accepter de voir ce qui fait défaut, et, en cela, ce moment privilégié constitue une prière. Faire le constat de ce qui ne va pas en soi engendre un sentiment d'humilité parce qu'on admet ses erreurs. Cet aveu fait naître un désir de repentir, une envie de se reprendre qui affranchit l'âme de sa douleur et ramène la paix.

En raison de son action libératrice contre les pensées négatives, la prière donne l'occasion de découvrir la dimension divine que chaque être humain recèle en lui, cette partie par laquelle l'Être suprême s'adresse à lui et s'exprime en lui, c'est-à-dire le tréfonds de son âme. Reconnaître l'authenticité de son individualité, c'est voir le lien qui unit l'homme à Dieu; entretenir ce lien, c'est comprendre son destin, c'est savoir comment accomplir sa mission terrestre, c'est se réaliser.

Résister à ce moment de vérité qu'est l'introspection, c'est se mentir effrontément, c'est refuser de se connaître soi-même et d'honorer sa vraie nature. Ignorer sa vraie nature, c'est feindre et prétendre être quelqu'un que l'on n'est pas, c'est rejeter sa partie divine et c'est, lorsqu'on prie, réduire la prière à un geste banal sans signification.

UN MODE D'EMPLOI?

On aurait tort de croire que, pour prier, on doit absolument suivre une feuille de route ou se conformer à un modèle. Pour prier, il n'est pas nécessaire de s'enfermer dans un cadre délimité par des mots et des formulations très précises, de s'obliger à visiter un lieu dit sacré ou de se soumettre à des formes de rituels physiques. En fait, il existe plusieurs types de prières et de multiples manières de prier toutes aussi valables les unes que les autres. Le véritable défi, c'est de savoir renouveler le désir de se rencontrer par la prière et de sentir que l'on établit une communication véritable avec le divin peu importe le moment de la journée, peu importe l'endroit où l'on se trouve, peu importe que l'on soit seul ou avec d'autres. Et en cela, on doit toujours avoir en mémoire que la prière n'est pas seulement une action; elle est aussi un état.

Il n'y a donc pas de canevas unique dans la prière. Tous ne désirent pas se conformer à l'énonciation de textes classiques religieux, tous ne ressentent pas le besoin de réciter le chapelet, de participer à des litanies ou de s'adonner à des séances de *lectio divina*. Les suppliques et les demandes par intercession conviennent à certains, alors que les louanges ou les prières d'action de grâce en satisfont d'autres. De nombreuses variations existent tant dans la forme — on peut prier à l'église tout comme on peut prier en promenant son chien, en donnant le bain au bébé, en époussetant, en conduisant la voiture, en regardant la nature par la fenêtre —, que dans le contenu — on peut demander une grâce pour soi ou pour quelqu'un d'autre, on peut se confier, on peut demander à être éclairé, on peut reconnaître et se repentir d'une faute. La prière peut être aussi bien dite à haute voix que dans le souffle d'un murmure; elle peut être prononcée mentalement; elle peut ne renfermer aucune parole, aucune pensée et devenir un moment d'intériorisation où on se laisse pénétrer, où on ne cherche pas à prendre de chemin particulier, où l'on se laisse guider et où l'on se contente de ressentir ce qui monte en soi. Aussi spontané que l'idée la plus banale, l'état de prière peut ainsi survenir à n'importe quel moment, dès qu'on le souhaite.

Cet élargissement du concept de la prière facilite le rapprochement avec l'aspect du sacré dans notre vie quotidienne en le rendant plus aisément accessible, en le rendant possible; dès lors, les excuses comme le manque de temps ou l'obligation d'avoir à se déplacer jusqu'à l'église ne tiennent plus.

Bien sûr, les gens qui aiment prier dans un contexte ou dans un environnement spécifique garni de quelques objets et pour qui le rituel et l'attitude physique constituent une part importante de ce moment, ces gens-là n'ont aucune raison d'abandonner leur pratique puisqu'elle correspond à un besoin. On peut prier à genoux les mains jointes, assis devant une fenêtre, en position du lotus les mains tournées vers le ciel, couché les yeux fermés, tout comme on peut prier en fixant une bougie, en lisant un texte pour s'en inspirer avant de rentrer en soi, en faisant brûler de l'encens ou en mettant de la musique en sourdine... Prendre quelques respirations profondes, répéter à mi-voix les mots d'un texte approprié à son humeur, écouter le silence sont autant de gestes pouvant aider quelqu'un à exprimer sa spiritualité.

Encore une fois, l'intention qui motive ces gestes en détermine la pertinence, tout en se rappelant que le corps est le temple du divin: «Ne savez-vous pas que vos corps sont le temple de l'Esprit Saint?» (I Corinthiens 6, 19). Respecter son corps en lui proposant une position confortable que l'on affectionne, voilà qui facilite la rencontre. Prendre le temps d'accueillir son corps, c'est déjà se mettre en état de prière. Se situer dans la réalité du lieu que l'on a choisi pour prier, c'est concentrer ses pensées en se rendant présent à soi-même.

Quant au contenu, encore une fois, il ne se limite pas aux seuls textes de prière dictés par les religions. Les *Notre Père*, *Je vous salue Marie*, *Je crois en Dieu*, *Acte de contrition*, etc., qui font partie du répertoire de la religion catholique, n'inspirent pas forcément tous les priants et ne font pas nécessairement vibrer les cordes sensibles de chacun. Les formules complexes et les mots savants ne donnent pas non plus de valeur à la prière; au contraire, ils l'alourdissent. Une phrase banale que vous avez entendue cent fois mais qui correspond et décrit précisément ce que vous ressentez est unique en soi parce que vous la personnalisez en lui injectant votre vécu. Cette phrase qui vous semble quelconque au premier abord devient soudainement riche de sens, parce qu'en vous elle résonne judicieusement.

C'est donc en priant que l'on apprend à prier, car la façon de prier est aussi personnelle que celle de se vêtir, de ranger ses choses ou de penser. Par ailleurs, les manières de prier changent également selon les occasions: quand on veut aider quelqu'un dans la maladie ou la mortalité, quand on remercie ou quand on cherche à comprendre, les sentiments qui nous habitent ne sont pas de la même nature. La prière s'en trouve inévitablement teintée, on prie différemment. Bref, il n'existe pas de formule magique ni de modèle de prière parfaite, une croyance d'ailleurs parfois bien difficile à désamorcer dans l'esprit de nombreuses personnes. D'abord parce que les différentes sociétés ont vécu pendant des centaines d'années sous le joug rigoureux des institutions religieuses qui imposaient le culte ainsi que la manière de le vivre. Avec le phénomène de la désertion des églises, les religieux ont perdu l'influence qu'ils avaient sur les populations.

Mais voici que maintenant, notre vie se déroule dans un monde hyperspécialisé où les experts de tout acabit qui détiennent le savoir dans chacune des disciplines sont devenus les nouvelles figures de proue auxquelles nous nous fions, faute de ne pouvoir tout savoir nous-mêmes. Nous sommes habitués de chercher à l'extérieur de nous la conduite à adopter, pour savoir quoi penser, quoi faire et comment le faire. Cela ne veut pas dire de tout balayer du revers de la main pour autant, car nous avons besoin de l'expertise d'autrui pour apprendre, connaître et comprendre. Mais il faut savoir se servir de ces informations pour forger sa propre idée et discerner ce qui est bon pour soi.

Pour rejoindre le but ultime de la prière, on doit saisir que le pas à faire ne s'effectue pas vers l'extérieur mais bien vers l'intérieur. River son regard passivement vers le ciel et attendre qu'il se passe quelque chose ne rime à rien. On entend dire depuis toujours que Dieu est partout, qu'il a fait l'homme à son image et qu'il nous a délégué un ange gardien pour veiller sur nous. Donc, il est concevable de croire qu'une part du divin existe dans toutes les créatures vivantes. Il y a ainsi un lieu, une parcelle d'infini dans l'être humain qui le lie à la puissance divine, et ce mystérieux endroit se trouve à l'intérieur de lui.

Chaque individu, quand il se donne la peine de sillonner son intériorité et d'écouter ce qu'elle a à dire, se rend compte petit à petit de ce qui le définit en tant qu'être humain; il finit par identifier ce qui l'émeut, ce qui le réconcilie avec lui-même et ce qui lui convient. C'est sa partie divine qui se dévoile. Il découvre des émotions qui ouvrent son âme et des mots clés qui font parler son cœur. Ce langage, cette référence émotionnelle peut dès lors être utilisée comme son trait d'union avec le divin dans ses moments de recueillement, et, manifestement, le priant trouve ainsi sa façon personnelle de prier.

RECONNAÎTRE LES RÉPONSES

Nous savons maintenant que pour communiquer avec le divin, Dieu lui-même ou ses messagers, les anges, nous devons scruter notre intériorité afin de voir la vérité en face, afin d'ouvrir la voie aux émotions porteuses de messages. Mais l'aspect divin, lui, comment se manifeste-t-il? Comment le Tout-Puissant ou les anges gardiens s'y prennent-ils pour nous dire quelque chose? Le décodage des réponses à nos prières n'est pas toujours évident et clair comme de l'eau de roche!

Il s'agit donc d'une forme de langage qu'il faut apprivoiser. Il faut apprendre à percevoir ce langage à travers les pensées qui émergent du cœur, car la captation des messages que le divin adresse passe inéluctablement par le cœur de l'âme, et l'interprétation qu'on peut en faire s'effectue par le ressenti. Comme des amoureux qui arrivent à exprimer tout leur amour dans un seul regard ou qui se donnent du réconfort mutuel dans la spontanéité d'une simple marque d'attention, la personne en contact avec elle-même a besoin de cette même sincérité inconditionnelle pour traduire la nature des signaux divins, adressés par Dieu lui-même ou les anges. En ce sens, la capacité de l'être humain à se brancher affectivement quand il prie est garante de son pouvoir de communiquer avec son cœur profond, son potentiel divin.

Dans la «rencontre» spirituelle, l'essentiel de la communication se passe au-delà du langage articulé avec des mots. Il y a des images ou des impressions qui affluent dans l'esprit en contact intime avec lui-même et qui résonnent sous forme de pensées; c'est l'Être suprême ou les anges qui parlent par l'intermédiaire de pensées. Le calme serein, la paix profonde, la tranquillité exquise ou la certitude suave qu'elles produisent nous assurent de leur origine divine. Si, au contraire, les esquisses de pensées qui se dessinent sèment plutôt le doute, engendrent la peur ou créent un malaise, cela signifie qu'elles sont embrouillées par un cœur ténébreux, encore rébarbatif, qui n'est que partiellement ouvert, et où la sincérité n'est pas (encore) au rendez-vous. Les réponses mitigées et inconfortables sont assurément suggérées par l'intellect, démontrant ainsi la superficialité du rapport que l'on a avec son soi.

Le cœur du cœur, cet épicentre des bouleversements émotionnels, est le transmetteur du message divin, qui se fait ainsi entendre par les pensées intimes. Plus on est près de son centre affectif, plus on est à l'écoute des élans authentiques de son intériorité, plus on est à même d'interpréter justement la parole qui nous est adressée. Et ce, non seulement par l'intermédiaire des sentiments qui émergent du cœur de soi, mais aussi par une foule d'autres manifestations concrètes et événementielles.

Les plus aguerris, ceux qui sont conscients de l'influence cosmique ou divine et qui l'ont intégrée dans leur façon de se percevoir et de comprendre l'évolution du monde terrestre, vous diront par ailleurs que le Tout-Puissant ne se contente pas de transmettre des messages à l'intérieur des moments de prière et de recueillement. Ils sont conscients de leur «organe spirituel» au point qu'ils perçoivent l'expression de la Voix infinie dans l'existence de nombreuses formes vivantes, dans la forme de certaines choses et dans le déroulement d'événements. Ceux qui croient en une Force supérieure n'émettent aucune réserve quant à la présence de celle-ci sous les traits parfois banals de la quotidienneté.

Il y a donc matière à réflexion derrière chaque péripétie de la réalité physique. Apprendre à voir plus loin que le bout de son nez, trouver son dessein en détectant les indices que le divin nous envoie, directement ou par l'entremise des anges, est probablement le plus grand défi que nous ayons à relever en tant qu'âme incarnée. Trop d'habitants sur la planète ne soupçonnent même pas l'existence de la Puissance divine! Ils ignorent son influence et sont à mille lieues de pouvoir deviner son langage pour en profiter pleinement.

Cela dit, même si Dieu nous parle sans cesse, partout et toujours, n'oublions pas que les moments de recueillement sont indispensables parce qu'ils nous habituent à ouvrir notre cœur et à «penser» avec nos sentiments, de manière à nous laisser progressivement pénétrer par la nature des choses qui nous entourent et des événements qui se produisent. À travers ceux-ci, le divin nous aide à mieux nous comprendre et nous apprend à nous poser les bonnes questions.

COMMENT PRIER

Vaut-il mieux prier dans le silence des pensées ou dans le calme de paroles limpides? Encore une fois, rien n'est coulé dans le béton. Selon les certitudes, les préférences ou les circonstances, le priant s'épanchera vers son âme en prononçant des paroles sans en abuser ou en utilisant la plénitude du silence.

La pensée profonde et authentique constitue un véhicule parfait pour atteindre les objectifs de la prière car, de par sa nature, elle arrive à un niveau d'exactitude plus juste que la parole.

Combien de fois restons-nous bouche bée sans pouvoir trouver les mots fidèles aux émotions qui nous empoignent la gorge, sans pouvoir mettre de nom sur les sentiments qui nous agitent? En certaines occasions, l'acuité de la pensée permet d'en dire beaucoup plus qu'un flot de paroles superflues. Cependant, on ne saurait se passer indéfiniment de la parole, parce qu'elle concourt à la cristallisation de la pensée tout en la rendant efficiente et parce qu'elle permet une communication dans un langage clair et intelligible. En plus d'obliger le priant à affiner sa pensée de manière à trouver la formulation qui la traduit le mieux, l'expression verbale le force à s'engager. D'ailleurs, n'est-ce pas «par le verbe que Dieu a créé l'Univers»?

Le verbe est vivant, le verbe est action. Si nous nous contentons de penser tout au cours de notre vie, bon nombre des idées qui nous traverseront l'esprit avorteront et mourront de leur belle mort parce qu'elles n'auront jamais eu la chance d'être verbalisées, d'être lancées dans la réalité et d'être concrétisées. On se doit donc d'être conscient que pensée et parole agissent de concert dans la prière. La pensée précédant la parole qui, elle, mènera à l'action.

Deuxième partie

LES ANGES: LEURS FAMILLES ET LEURS MISSIONS

Comme on l'a vu au chapitre 2, les anges sont répartis en neuf hiérarchies, ou neuf ordres angéliques: les séraphins, les chérubins, les trônes, les dominations, les puissances, les vertus, les principautés, les archanges et les anges. Saint Denys l'Aréopagite, parlant au nom de l'Église et déclarant avoir appris cette doctrine de son maître, dont il est permis de penser qu'il s'agisse de saint Paul, enseigne en effet que les anges sont répartis en ces neuf hiérarchies; il attribue, à chacune d'elles comme à chaque ange, des spécificités, des traits dominants et des vertus. Ce sont ces spécificités qui nous ferons en invoquer ou en prier un plus qu'un autre.

Voici donc les détails de cette hiérarchie, ainsi qu'une présentation de chacun des anges.

	Nom	Les natifs sous son influence
1	Véhuiah	du 21 au 25 mars
2	Jéliel	du 26 au 30 mars
3	Sitaël	du 31 mars au 4 avril

4	Élémiah	du 5 au 9 avril
5	Mahasiah	du 10 au 14 avril
6	Lélahel	du 15 au 20 avril
7	Achaiah	du 21 au 25 avril
8	Cahétel	du 26 au 30 avril
9	Haziel	du 1er au 5 mai
10	Aladiah	du 6 au 10 mai
11	Lauviah	du 11 au 15 mai
12	Hahaiah	du 16 au 20 mai
13	Yézalel	du 21 au 25 mai
14	Mébahel	du 26 au 31 mai
15	Hariel	du 1er au 5 juin
16	Hékamiah	du 6 au 10 juin
17	Lauviah 2	du 11 au 15 juin
18	Caliel	du 16 au 21 juin
19	Leuviah	du 22 au 26 juin
20	Pahaliah	du 27 juin au 1er juillet
21	Nelchael	du 2 au 6 juillet
22	Yéiayel	du 7 au 11 juillet
23	Melahel	du 12 au 16 juillet
24	Haheuiah	du 17 au 22 juillet
25	Nith-Haiah	du 23 au 27 juillet
26	Haaiah	du 28 juillet au 1er août
27	Yérathel	du 2 au 6 août

28	Séhéiah	du 7 au 12 août
29	Reiyiel	du 13 au 17 août
30	Omael	du 18 au 22 août
31	Lécabel	du 23 au 28 août
32	Vasariah	du 29 août au 2 septembre
33	Yéhuiah	du 3 au 7 septembre
34	Léhahiah	du 8 au 12 septembre
35	Chavakhiah	du 13 au 17 septembre
36	Ménadel	du 18 au 23 septembre
37	Aniel	du 24 au 28 septembre
38	Haamiah	du 29 septembre au 3 octobre
39	Réhael	du 4 au 8 octobre
40	Yéiazel	du 9 au 13 octobre
41	Hahahel	du 14 au 18 octobre
42	Mikhael	du 19 au 23 octobre
43	Veuliah	du 24 au 28 octobre
44	Yélahiah	du 29 octobre au 2 novembre
45	Séhaliah	du 3 au 7 novembre
46	Ariel	du 8 au 12 novembre
47	Asaliah	du 13 au 17 novembre
48	Mihael	du 18 au 22 novembre
49	Véhuel	du 23 au 27 novembre
50	Daniel	du 28 novembre au 2 décembre
51	Hahasiah	du 3 au 7 décembre

52	Imamiah	du 8 au 12 décembre
53	Nanael	du 13 au 16 décembre
54	Nithael	du 17 au 21 décembre
55	Mébahiah	du 22 au 26 décembre
56	Poyel	du 27 au 31 décembre
57	Némamiah	du 1er au 5 janvier
58	Yéyalel	du 6 au 10 janvier
59	Harahel	du 11 au 15 janvier
60	Mitzrael	du 16 au 20 janvier
61	Umabel	du 21 au 25 janvier
62	Iah-Hel	du 26 au 30 janvier
63	Anauel	du 31 janvier au 4 février
64	Méhiel	du 5 au 9 février
65	Damabiah	du 10 au 14 février
66	Manakel	du 15 au 19 février
67	Eyael	du 20 au 24 février
68	Habuhiah	du 25 au 29 février
69	Rochel	du 1er au 5 mars
70	Jabamiah	du 6 au 10 mars
71	Haihaiel	du 11 au 15 mars
72	Mumiah	du 16 au 20 mars

Chapitre 5

LES SÉRAPHINS

Du 21 mars au 30 avril

Planète: Neptune – Prince: Métatron

1. Véhuiah - 2. Jéliel – 3. Sitaël – 4. Élémiah –
5. Mahasiah – 6. Lélahel – 7. Achaiah – 8. Cahétel

VÉHUIAH

LES DATES QU'IL RÉGIT

Du 21 au 25 mars

CE QU'IL SYMBOLISE

La transformation.

SON ACTION

Il donne force et courage pour créer et transformer, sa vie d'abord, puis son environnement. Il incite à chercher et à trouver le sens profond des choses, à faire une prise de conscience pour mieux être et mieux agir. Il exalte l'esprit inventif et créatif; il agit sur la conscience pour donner un regard neuf; il influence l'action sur les autres. Il stimule l'intuition, ce qui permet par ailleurs aux natifs de ces dates de souvent poser un regard éclairé sur le monde qui les entoure.

LES CARRIÈRES/DOMAINES QU'IL INFLUENCE FAVORABLEMENT

Les scientifiques et les travailleurs de l'aviation en général; les astronomes également de même que les cinéastes.

JÉLIEL

LES DATES QU'IL RÉGIT

Du 26 au 30 mars

CE QU'IL SYMBOLISE

La fidélité et la fécondité; la fidélité en tant que valeur morale et spirituelle, et la fécondité dans son sens le plus large, c'est-à-dire sur et pour tout règne vivant sur la terre.

SON ACTION

Il prodigue une énergie vivifiante pour engendrer et instaurer la fidélité nécessaire à la création d'une vie de famille harmonieuse. Les natifs de ces dates sont des êtres réfléchis qui savent canaliser leurs élans et leurs aspirations pour développer un esprit familial, voire clanique, dans lequel ils s'imposeront comme patriarches, quel que soit leur âge. Ils assumeront pleinement leur destin, tout en cherchant à améliorer celui des membres de leur entourage. Mais attention! cela ne signifie pas qu'ils chercheront à «régner», non, parce qu'ils se sentent responsables du sort des autres, ils jetteront des ponts, construiront des liens qui rassemblent. D'autre part, cet ange transmet la capacité de discerner le vrai du faux, la réalité de l'illusion car il fait s'interroger sur un «au-delà» possible des choses et des événements. Il insuffle un esprit profond et pénétrant, qui permet justement d'aller au-delà des apparences et de rechercher la signification et le sens profonds des êtres et des événements.

LES CARRIÈRES/DOMAINES QU'IL INFLUENCE FAVORABLEMENT

Il appuie les linguistes, les interprètes, dans la mesure où la connaissance de la langue participe à la compréhension et à la solidarité des gens; il aide également les conciliateurs, les médiateurs, mais aussi les bâtisseurs. Par extension, il influence favorablement les agriculteurs.

SITAËL

LES DATES QU'IL RÉGIT

Du 31 mars au 4 avril

CE QU'IL SYMBOLISE

La responsabilité, souvent à l'origine de l'accession à des postes importants et à des positions de décision et de pouvoir.

SON ACTION

L'ange Sitaël assure la protection contre l'angoisse et les puissances malfaisantes; il œuvre dans le sens de l'apaisement et de la pacification, car il est le maître-bâtisseur qui élabore l'ordre et l'ordonnance pour les générations à venir. Les natifs de ces dates apprennent donc, quasi instinctivement, à faire fructifier leurs richesses intérieures et spirituelles; ils doivent mettre leur énergie au service de leur environnement social, tout en évitant de la disperser. Ces gens, ceux qui sont nés sous son influence ou ceux qui l'invoquent ou le prient, se verront insuffler la foi et l'enthousiasme nécessaires pour mettre de l'avant des valeurs, des idées et des projets intègres. Cet ange insuffle par ailleurs l'énergie et la force nécessaires pour devenir le leader d'un groupe et faciliter la prise de décisions (importantes) qui engagent son avenir et celui de ceux qui le suivront. Il favorisera également la gérance, de façon à faire fructifier les biens dans un souci de partage équitable.

LES CARRIÈRES/DOMAINES QU'IL INFLUENCE FAVORABLEMENT

Les carrières de grande envergure, toutes les professions dans la mesure où le sujet exploitera ses capacités et «mènera» le jeu: conciliateur, médiateur, ingénieur, architecte, directeur, bâtisseur, voire médecin dans une certaine mesure.

ÉLÉMIAH

LES DATES QU'IL RÉGIT

Du 5 au 9 avril

CE QU'IL SYMBOLISE

Le succès et la protection, mais le succès et la protection essentiellement dans l'action, où il insufflera aussi sa protection.

SON ACTION

Il incite à se montrer résolu et déterminé dans les tâches que l'on a à accomplir, ce qui fait que les difficultés ne rebuteront pas car on est convaincu de pouvoir aller jusqu'au bout de ses entreprises. D'autre part, cette détermination dans l'action trouve aussi un appui dans le fait que cette action n'est pas désordonnée. Cet ange permet en outre à celui qui le prie ou qui est sous son influence d'agir avant tout dans un souci du respect de l'équilibre des êtres et des choses qui entourent, respect qui, très souvent, sera le fruit des connaissances acquises au cours de la vie. Il l'aidera dans sa recherche de l'authenticité. Enfin, en tout moment, ceux qui sont nés sous son influence ou ceux qui l'invoquent ou le prient, s'intéresseront à la recherche d'une certaine paix intérieure.

LES CARRIÈRES/DOMAINES QU'IL INFLUENCE FAVORABLEMENT

Tous ceux qui ont à cœur la préservation de la nature et de l'environnement — pris dans son sens le plus large, dont les ethnologues et les anthropologues, les chercheurs en histoire naturelle, mais aussi les vétérinaires. Bref, tous les emplois reliés de près ou de loin à la préservation et au maintien de l'équilibre de l'écosystème.

MAHASIAH

LES DATES QU'IL RÉGIT

Du 10 au 14 avril

CE QU'IL SYMBOLISE

La paix et l'harmonie avec autrui.

SON ACTION

Mahasiah donne accès à la haute connaissance du mysticisme par l'initiation; il accorde en outre une grande aptitude sur le plan des relations interpersonnelles. Les personnes nées sous son influence ou celles qui l'invoquent ou le prient recherchent l'entente et la compréhension des autres, mais elles décident seules de leur destin, laissant la lumière intérieure les guider. Par ailleurs, Mahasiah est l'ange de ceux qui ont la maîtrise, par l'expérience ou la connaissance, de leur art et de leur savoir-faire. Il donne une «essence» à tous ceux qui ont le goût de l'accommodement, à ceux qui s'impliquent dans leur mission d'apaisement.

LES CARRIÈRES/DOMAINES QU'IL INFLUENCE FAVORABLEMENT

L'ange Mahasiah inspire ceux qui exercent des professions libérales, ou qui pratiquent l'art sous quelque forme que ce soit.

LÉLAHEL

LES DATES QU'IL RÉGIT

Du 15 au 20 avril

CE QU'IL SYMBOLISE

La santé et la guérison.

SON ACTION

Il accorde renommée et fortune dans les domaines de la science et des arts; il favorise la spiritualité, aiguise les sentiments d'altruisme et de générosité. La personne sollicitant l'influence de cet ange est invitée à s'ouvrir à l'autre, à découvrir le fond des êtres et des choses qui l'entourent — de là le développement d'un sens et d'un goût pour les arts ainsi que pour les sciences et leurs avancements technologiques.

LES CARRIÈRES/DOMAINES QU'IL INFLUENCE FAVORABLEMENT

L'ange Lélahel guide les artistes dans le sens large du terme, c'est-à-dire ceux qui placent l'esthétisme et la beauté artistique ou plastique en avant-plan, et ceux qui les accompagnent dans leurs démarches. Il influence également les personnes qui, dans leurs pratiques professionnelles, utilisent la médecine holistique, qu'ils soient massothérapeutes, magnétiseurs, acupuncteurs, etc.

ACHAIAH

LES DATES QU'IL RÉGIT

Du 21 au 25 avril

CE QU'IL SYMBOLISE

La compréhension et la foi: la compréhension du sens de la vie et la redécouverte de la foi sur un plan pragmatique.

SON ACTION

À ceux qui sont nés sous son influence ou qui l'invoquent ou le prient, il donne le discernement grâce à l'intellect et à l'esprit. La personne est invitée à communiquer et à échanger avec les autres — particulièrement sur le plan relationnel intime — et à être disponible et réceptive aux émotions et aux sentiments qui la traversent. Cet ange peut apporter la sensibilité, l'émotivité, et la passion pour favoriser le plein investissement (ou engagement) dans ce que la personne entreprend, et faciliter l'expression et la communication de ses idées. La personne qui l'invoque ou le prie se verra aussi attribuer des forces et des valeurs qui lui permettront de se sentir en harmonie avec la nature, la mère nourricière.

LES CARRIÈRES/DOMAINES QU'IL INFLUENCE FAVORABLEMENT

Les domaines favorablement influencés sont ceux qui touchent la connaissance du comportement humain et qui favorisent les relations; en ce sens, les sociologues, les communicateurs, les linguistes, les interprètes et les juristes bénéficient d'un ascendant particulier.

CAHÉTEL

LES DATES QU'IL RÉGIT

Du 26 au 30 avril

CE QU'IL SYMBOLISE

Cahétel symbolise la récolte et la bénédiction. Depuis toujours, et surtout pour nos ancêtres, l'abondance des récoltes fut (et reste d'une certaine façon) une manifestation tangible de la bénédiction divine, laquelle, d'une part, éloigne le mauvais sort et les épreuves difficiles, mais, d'autre part, constitue une source d'inspiration et d'élévation de l'âme.

SON ACTION

Cet ange incite la personne à harmoniser son moi intérieur avec les influences qu'elle reçoit du monde extérieur; cette personne se trouve ainsi dotée d'une prédisposition naturelle lui permettant de déceler et de comprendre les forces subtiles qui participent au maintien de l'ordre naturel. L'influence de cet ange permettra à qui l'invoque ou le prie d'acquérir un sentiment de plénitude, lui faisant ainsi réaliser sa place et son rôle dans le cycle sans cesse renouvelé des saisons et des planètes. Cette influence en fera également un être doué pour apprécier les choses simples de la vie, ce qu'on appelle communément «les petits plaisirs». Cet ange insufflera également un attachement aux valeurs de justice et de respect.

LES CARRIÈRES/DOMAINES QU'IL INFLUENCE FAVORABLEMENT

Cet ange soutient tout ce qui touche de près ou de loin les besoins «alimentaires» de l'homme, tout comme les domaines connexes, c'est-à-dire ceux qui participent à cette action — nutritionnistes, diététiciens, etc. Enfin, toutes les personnes préoccupées par le problème de la faim dans le monde bénéficient aussi d'une influence favorable.

Chapitre 6

LES CHÉRUBINS

Du 1er mai au 10 juin

Planète: Uranus – Prince: Raziel

9. Haziel – 10. Aladiah – 11. Lauviah – 12. Hahaiah –
13. Yézalel – 14. Mébahel – 15. Hariel – 16. Hékamiah

HAZIEL

LES DATES QU'IL RÉGIT

Du 1er au 5 mai

CE QU'IL SYMBOLISE

Le pardon et l'attachement inconditionnel: le pardon grâce à la miséricorde divine, et l'attachement inconditionnel grâce aux relations d'amitié et à l'estime de personnes haut placées.

SON ACTION

Cet ange permet la réalisation de toutes les promesses faites. Il développe en outre, chez la personne
sous son influence comme chez celles qui l'invoquent
ou le prient, un esprit curieux et inventif. Il induit
également chez ces personnes une nature à la fois
intuitive et astucieuse, en plus d'une forte capacité
à concevoir et à entreprendre des projets toujours
nouveaux et, surtout, à les mener à terme avec succès. Il procurera aussi à ces dernières la force d'esprit,
la détermination et la protection utiles pour ses diverses entreprises.

LES CARRIÈRES/DOMAINES QU'IL INFLUENCE FAVORABLEMENT

Tout ce qui touche les domaines de la négociation et
du sauvetage, dans le sens le plus large du terme, en
raison de l'engagement envers autrui que ces domaines sous-tendent, sont soumis à l'influence de
Haziel.

ALADIAH

LES DATES QU'IL RÉGIT

Du 6 au 10 mai

CE QU'IL SYMBOLISE

La tolérance et la clarté d'esprit.

SON ACTION

Cet ange insuffle le sens de la vertu morale et de
l'éthique. Sous son influence, la personne est non

seulement invitée à privilégier les valeurs de l'esprit, mais aussi à les promouvoir tout autour d'elle. Cet ange peut aider ceux qui le prient ou qui l'invoquent à reconnaître et à admettre leurs erreurs; il peut aussi aider ceux qui se sont égarés en empruntant des chemins de traverse à retrouver leur véritable voie, leur donnant la force et la clairvoyance de reconnaître leurs erreurs de parcours et d'apporter les correctifs nécessaires.

LES CARRIÈRES/DOMAINES QU'IL INFLUENCE FAVORABLEMENT

Aladiah influence favorablement les domaines de la santé et de l'éducation, sous tous les aspects. Il soutient également les personnes qui travaillent à aider les autres à retrouver leur dignité.

LAUVIAH

LES DATES QU'IL RÉGIT

Du 11 au 15 mai

CE QU'IL SYMBOLISE

Lauviah symbolise la sagesse et le pouvoir: la sagesse utile, voire nécessaire, à l'action et le pouvoir intègre.

SON ACTION

Cet ange accorde la protection contre les désordres et les bouleversements; il invite le natif sous sa protection à s'éveiller aux valeurs spirituelles avec confiance et optimisme afin de connaître l'harmonie dans sa vie. Il procure en outre sagesse et pouvoir à ceux qui l'invoquent ou le prient. Il peut permettre également de connaître la jouissance des biens acquis par le travail; cela dit, il favorise un usage généreux et fraternel des acquis, et ce, afin que la personne sous sa protection puisse accéder à l'équilibre entre matériel et spirituel. Enfin, il peut insuffler une certaine notoriété dans les carrières professionnelles.

LES CARRIÈRES/DOMAINES QU'IL INFLUENCE FAVORABLEMENT

Les domaines qui sont les plus influencés sont ceux qui relèvent de l'intellect et de la création; écrivains, professeurs et scientifiques sont de ce nombre.

HAHAIAH

LES DATES QU'IL RÉGIT

Du 16 au 20 mai

CE QU'IL SYMBOLISE

La révélation et la découverte du «moi» ainsi que la protection dans l'adversité.

SON ACTION

Cet ange donne, aux personnes nées sous son influence, la possibilité de percevoir les forces et les énergies qui animent l'être humain à son insu et de les comprendre. Il donne également le pouvoir d'interpréter les rêves. Il permet par ailleurs, à celui qui l'invoque ou le prie, d'analyser et de comprendre les choses du passé et celles à venir, et de faire des liens entre elles. Il leur accorde une aptitude certaine à anticiper à la fois les idées et les actes, en devinant — ou en pressentant — les effets et les conséquences qu'ils entraîneront. Sous l'influence de cet ange, les personnes sont appelées à extérioriser la richesse de leur esprit en développant une nature énergique et entreprenante pour s'élever au-dessus des contingences strictement pratiques.

LES CARRIÈRES/DOMAINES QU'IL INFLUENCE FAVORABLEMENT

Les domaines influencés par Hahaiah sont ceux qui relèvent de l'occultisme et de ses différentes formes de manifestation, ainsi que la recherche et l'étude du psychisme humain.

YÉZALEL

LES DATES QU'IL RÉGIT

Du 21 au 25 mai

CE QU'IL SYMBOLISE

La réconciliation — en stimulant la mémoire heureuse (celle qui conserve les meilleurs souvenirs) — et la fidélité.

SON ACTION

Il appelle la personne née sous son influence au respect de ses engagements envers les autres, mais aussi envers elle-même; il l'invite, chaque fois que cela est nécessaire, à se remettre en cause, à se poser les bonnes questions et à faire les changements nécessaires à son évolution, que celle-ci soit spirituelle ou affective. Cet ange procure pareillement aux personnes qui le prient ou l'invoquent le sens des responsabilités dans leurs relations avec les autres, les invitant ainsi à se montrer authentiques, en accord avec les valeurs fondamentales (aujourd'hui malheureusement trop souvent dépréciées) de la famille, du couple et de la fidélité. Il procure par ailleurs à ces personnes la volonté et la détermination nécessaires pour justement exprimer ces valeurs. Il en résulte, pour l'être capable de les adopter, une conviction prenante et un étonnant magnétisme personnel.

LES CARRIÈRES/DOMAINES QU'IL INFLUENCE FAVORABLEMENT

Toutes les carrières qui visent à humaniser les relations et les institutions, qu'elles soient sociales ou politiques.

MÉBAHEL

LES DATES QU'IL RÉGIT

Du 26 au 31 mai

CE QU'IL SYMBOLISE

La droiture et la justice, mais une justice qui se veut avant tout intègre, bienveillante et «humaine».

SON ACTION

Cet ange insuffle le sens de la justice et de l'équité; il incite le natif sous son influence à promouvoir les valeurs nobles de la justice, de l'égalité et de la démocratie, dans un souci de partage et de bonne entente — en ce sens, il faut parler, ici, d'une justice éclairée, car sensible aux valeurs généreuses et humaines, empreinte de tempérance et de compréhension. Cet ange insuffle aussi, à celui qui l'invoque ou le prie, le sens de la justice et de l'harmonie; il invite chacun à veiller, dans ses actes, à partager équitablement les tâches, les droits et les devoirs de chacun.

LES CARRIÈRES/DOMAINES QU'IL INFLUENCE FAVORABLEMENT

Toutes les carrières où le droit et son application sont présents figurent dans le champ d'influence de Mébahel, c'est-à-dire juges, avocats (du droit pénal jusqu'à l'action syndicale). Par ailleurs, toutes les organisations à but humanitaire visant à dénoncer l'injustice profitent aussi de son influence.

HARIEL

LES DATES QU'IL RÉGIT

Du 1ᵉʳ au 5 juin

CE QU'IL SYMBOLISE

La foi et la libération: la foi retrouvée après une période de doute, et la libération des mauvaises habitudes prises au cours de cette période.

SON ACTION

Ici, les forces de l'esprit se mettent au service du discernement et de l'analyse du moi; dans cette perspective, Hariel est source d'inspiration dans le domaine professionnel. Par ailleurs, il n'est pas rare que Hariel propose une remise en question psychologique, car l'individu est sollicité afin de dépasser son état de conscience ordinaire et d'accéder ainsi à une perception plus sensitive des choses. Hariel donne en outre l'occasion d'une seconde chance de vie, en ce sens qu'il nous permet de nous libérer de nos égarements et de nos liens de dépendance qui perturbent notre vie. Hariel nous permet ainsi de découvrir des façons personnelles d'améliorer notre quotidien.

LES CARRIÈRES/DOMAINES QU'IL INFLUENCE FAVORABLEMENT

Hariel guide les êtres qui ont le goût de la découverte, les explorateurs de «terres nouvelles» par exemple, mais aussi les chercheurs scientifiques (par extension, les découvertes scientifiques et leurs applications). Cela dit, son domaine d'intervention touche particulièrement la spiritualité, surtout dans sa dimension visionnaire dans laquelle elle propose un autre avenir à l'homme.

HÉKAMIAH

LES DATES QU'IL RÉGIT

Du 6 au 10 juin

CE QU'IL SYMBOLISE

La grâce et l'amitié, notamment celles que l'on peut obtenir des personnes ou des personnalités de haut rang, détenant le pouvoir et la renommée.

SON ACTION

Hékamiah concourt à donner à l'individu une certaine renommée, voire une certaine gloire; en lui permettant de développer ses capacités de persuasion dans ses relations. La personne sous son influence est invitée à écouter ses propres «impressions» – sa voix intérieure —, car elles s'avèrent souvent bonnes conseillères. C'est ainsi que cette personne, comme celle qui l'invoque ou le prie, saura trouver les mots justes et vrais au bon moment pour convaincre, et mériter ainsi l'amitié et la considération. Cet ange permet par ailleurs de négocier avec les «grands», mais seulement lorsque les objectifs sont altruistes, c'est-à-dire lorsqu'ils contribuent aux relations de paix et de fraternité.

LES CARRIÈRES/DOMAINES QU'IL INFLUENCE FAVORABLEMENT

Hékamiah guide les décideurs de ce monde. Il influence favorablement les relations, aussi bien personnelles qu'internationales, pour autant que celles-ci visent à améliorer la qualité des relations humaines et des engagements des uns envers les autres.

Chapitre 7

LES TRÔNES

Du 11 juin au 22 juillet

Planète: Saturne • Prince: Tsaphkiel

17. Lauviah 2 – 18. Caliel – 19. Leuviah –
20. Pahaliah – 21. Nelchael – 22. Yéiayel –
23. Melahel – 24. Haheuiah

LAUVIAH 2

LES DATES QU'IL RÉGIT

Du 11 au 15 juin

CE QU'IL SYMBOLISE

Les prémonitions et l'intuition (pour mieux comprendre la psychologie de l'autre)et, par extension, le retour de l'amour ou de l'amitié pour ceux qui se sont éloignés ou séparés.

SON ACTION

Lauviah apaise en veillant sur le sommeil afin que celui-ci soit réparateur quand la réalité devient trop difficile à assumer ou à supporter; il se donne ainsi pour mandat d'aider ceux qui sont nés sous son influence ou ceux qui l'invoquent ou le prient à traverser les épreuves et, surtout, à les comprendre intuitivement et à soulager les gens qui sont dans la douleur. Il en résulte en conséquence une grande capacité à l'abnégation et un certain sens du sacrifice et du don de soi pour épauler l'autre.

LES CARRIÈRES/DOMAINES QU'IL INFLUENCE FAVORABLEMENT

Lauviah 2 inspire tous ceux qui interviennent dans le domaine de la psychologie, ceux qui se penchent sur les phénomènes psychologiques et les agissements: les psys peuvent bénéficier de son influence, mais aussi les romanciers, les essayistes et les journalistes. Enfin, Lauviah 2 influence l'activité artistique qui met en scène des moments particuliers ou historiques de la vie sociopolitique de l'humanité.

CALIEL

LES DATES QU'IL RÉGIT

Du 16 au 21 juin

CE QU'IL SYMBOLISE

La vérité et la justice et, par extension, la victoire de la vérité devant la justice humaine.

SON ACTION

La justice de Caliel a une dimension de réparation, mais surtout de soutien, car cet ange apporte un secours rapide lorsque le natif sous son influence ou celui qui l'invoque ou le prie se trouve en conflit ou traverse une période d'adversité; souvent, d'ailleurs, en ce qui touche le natif de ces dates, les épreuves ne manquent pas, mais elles ne sont là que pour mieux lui permettre de surmonter les angoisses et les faiblesses qui les accompagnent. Caliel insuffle ainsi la persévérance et la rigueur nécessaires pour les vaincre et ainsi, plus tard, pour trouver l'équilibre et l'harmonie. En ce sens, il fait la promotion de la justice, du secours apporté aux faibles, et est au service de la vérité même si celle-ci participe à dénoncer les prétendus amis.

LES CARRIÈRES/DOMAINES QU'IL INFLUENCE FAVORABLEMENT

Toutes les professions qui apportent de l'aide, du secours et du réconfort aux personnes en difficulté sont favorablement influencées.

LEUVIAH

LES DATES QU'IL RÉGIT

Du 22 au 26 juin

CE QU'IL SYMBOLISE

Le renoncement et la grâce.

SON ACTION

Par son action, Leuviah convainc le natif sous son influence, comme celui qui l'invoque ou le prie, de «lâcher prise». Certes, vu sous un certain angle, le refus de toute résolution de conflits par la crise, la colère ou la vengeance suggère la résignation, mais il s'agit ici d'une résignation qui apporte en fait la victoire sur l'adversité. Elle est donc tactique et stratégique, car elle repose sur la confiance et la foi d'une certaine idée de la justice inhérente. Quant à la grâce, elle est celle à laquelle a droit celui qui «renonce» à se venger: celui-ci reçoit la bénédiction de la Providence. Leuviah est l'ange qui fait garder en mémoire ce à quoi l'être a renoncé; c'est pourquoi la foi que Leuviah insuffle constitue un puissant levier pour assumer l'épreuve dans un esprit de paix et de sérénité.

LES CARRIÈRES/DOMAINES QU'IL INFLUENCE FAVORABLEMENT

Leuviah apporte son soutien à tous ceux qui ont besoin d'utiliser leur mémoire dans leur activité professionnelle, et ce, dans un domaine très élargi; il peut s'agir de la mémoire intellectuelle historique ou politique, mais aussi de la très actuelle mémoire électronique et technologique.

PAHALIAH

LES DATES QU'IL RÉGIT

Du 27 juin au 1er juillet

CE QU'IL SYMBOLISE

La vocation; la vocation religieuse d'une façon générale, mais aussi, plus prosaïquement, celle qui conduit au désir d'être utile et qui éveille la spiritualité dans l'élan. Cette vocation se révèle en accord avec les lois fondamentales régissant notre monde.

SON ACTION

Pahaliah incite le natif de ces dates, tout comme ceux qui l'invoquent ou le prient, à développer d'abord sa confiance en soi afin de mieux pouvoir se rendre utile à l'autre. Les difficultés et les épreuves sont alors vécues comme autant de défis à relever et dont il s'agira de retenir la leçon. Cette leçon deviendra fructueuse et dynamisante, donc propice à transcender les peurs et les angoisses (la vocation dont il est ici question est porteuse du désir et de l'effort dans une finalité d'aide envers autrui, voire de don de soi). Cette conception altruiste peut toucher à plusieurs plans; il peut s'agir d'une aide morale, psychologique, sociale ou médicale. C'est pourquoi Pahaliah peut intéresser tous ceux qui sentent naître en eux la vocation de porter bien à autrui en s'appuyant sur des enseignements moraux. Pahaliah est aussi l'ange qui éclaire notre mission sur cette terre, qui lui donne du sens et qui nous apporte la force pour l'accomplir.

LES CARRIÈRES/DOMAINES QU'IL INFLUENCE FAVORABLEMENT

Dans cette perspective, Pahaliah régit toutes les vocations «religieuses» universelles, comme il aide aussi ceux qui s'inscrivent dans des missions humanitaires, caritatives et d'intérêt public. Pahaliah insuffle par ailleurs de l'énergie à ceux qui étudient et qui enseignent la spiritualité et la théologie.

NELCHAEL

LES DATES QU'IL RÉGIT

Du 2 au 6 juillet

CE QU'IL SYMBOLISE

La victoire et la libération.

SON ACTION

Nelchael encourage avant tout la victoire sur soi, par la pleine acceptation de ses responsabilités au quotidien. C'est en quelque sorte l'épreuve de la durée et du temps, car il est ici question de prendre le pas sur les aléas de la vie courante en acceptant ses aspects contraignants — c'est d'ailleurs à ce prix que la libération (celle qui allège du poids de l'oppression et donc de l'inquiétude) est accordée. Nelchael encourage donc à la soumission consciente — acceptée —, mais dans un esprit de volonté dans le but d'accomplir une tâche. Ici, la résignation n'est pas de mise, car il s'agit plus exactement d'une acceptation consentie de son destin, afin d'exorciser ses propres démons intérieurs, repoussant chaque fois d'autant ses propres limites.

LES CARRIÈRES/DOMAINES QU'IL INFLUENCE FAVORABLEMENT

Nelchael guide ceux qui font de la recherche scientifique, parfois en solitaire dans un laboratoire, sans attendre de reconnaissance; il fournit aussi l'inspiration à ceux qui donnent forme à la matière — sculpture, architecture, etc. — et ceux qui étudient les formules mathématiques ainsi que l'art de la stratégie militaire (non pas pour détruire mais pour remplir son «devoir»). Enfin, il soutient toutes celles et tous ceux qui font face à leurs charges de famille sans aide.

YÉIAYEL

LES DATES QU'IL RÉGIT

Du 7 au 11 juillet

CE QU'IL SYMBOLISE

La renommée, le respect d'autrui, la compréhension de l'autre et de son besoin.

SON ACTION

Yéiayel incite la personne sous son influence à établir des liens affectifs et des relations sociales dans un souci d'harmonie. En ce sens, la personne née sous son influence — tout comme celles qui l'invoquent ou le prient — n'aime pas les conflits ouverts et préfère chercher le compromis acceptable à tous. Sa nature aimable et sociable est par ailleurs, pour elle, une source d'apaisement, car elle est alors à même de résoudre ses propres difficultés, de surmonter ses angoisses et de vaincre ses blocages, permettant ainsi à sa personnalité de s'épanouir dans la sécurité affective (qu'elle recherche par ailleurs avant toute chose). Sa renommée n'en est alors que plus grande, car on vante ses qualités de générosité et d'écoute et on recherche dès lors volontiers sa compagnie. Sur un autre plan, Yéiayel accorde la protection contre les naufrages dans tous les sens du terme, contribuant dans cette perspective à maintenir les acquis matériels et financiers et le rang social — ceux qui craignent la perte de leur statut social ou professionnel peuvent ainsi demander le soutien de Yéiayel.

LES CARRIÈRES/DOMAINES QU'IL INFLUENCE FAVORABLEMENT

Les domaines touchant les finances sont favorisés, non seulement les domaines bancaire ou boursier, mais aussi ceux en rapport avec la gestion, la comptabilité, ou plus simplement l'épargne.

MELAHEL

LES DATES QU'IL RÉGIT

Du 12 au 16 juillet

CE QU'IL SYMBOLISE

La protection contre la violence armée, préservant ainsi de la mort violente et accidentelle; la guérison par les plantes.

SON ACTION

La personne bénéficiant de l'influence de Melahel est paisible et équilibrée; elle a le sens de la famille et le souci de préserver son «clan» en la mettant à l'abri du besoin et en veillant sur sa santé. C'est en quelque sorte un «parent nourricier» qui puise son énergie dans les racines profondes des valeurs auxquelles il croit avec ferveur, c'est-à-dire la famille, l'entente et le partage. Un peu idéaliste, cette personne aimerait voir répandues plus largement ses idées, ce qui peut d'ailleurs l'amener à vivre certaines désillusions, lesquelles sont néanmoins, pour elle, des occasions de montrer qu'elle fait preuve de discernement, de réflexion et de patience. En ce sens, elle est à même de développer une certaine forme de sagesse que résumerait le proverbe «Tout vient à point à qui sait attendre... et qui a su quand il était temps!» Dotée d'un esprit pratique et curieux, cette personne est habile dans la planification et l'organisation. Elle évalue clairement ses objectifs et ne recule pas devant la difficulté. Outre tout cela, Melahel donne au natif, et à ceux qui l'invoquent ou le prient, l'aptitude à connaître les secrets des tisanes et des décoctions qui éloignent et préviennent la maladie. Il protège la nature en veillant sur la fertilité des récoltes et l'abondance des pluies — cet ange est d'ailleurs considéré comme l'ami de l'agriculteur et de tous ceux qui aiment et travaillent la terre.

LES CARRIÈRES/DOMAINES QU'IL INFLUENCE FAVORABLEMENT

Melahel soutient les agriculteurs, mais aussi tous ceux qui aiment la nature et qui, à leur façon, cherchent à pénétrer le secret des plantes. Herboristes, homéopathes, guérisseurs par les plantes, voilà des gens dont l'action est soutenue par cet ange. Douées pour la logistique et la planification, aptes à assumer et à prévoir les risques, les personnes sous son influence sont excellentes dans le domaine de la sécurité, qu'elle touche les personnes, les territoires ou les institutions.

HAHEUIAH

LES DATES QU'IL RÉGIT

Du 17 au 22 juillet

CE QU'IL SYMBOLISE

La protection providentielle, celle qui se manifeste lorsque tous les autres recours ont été vains.

SON ACTION

Avec Haheuiah, la personne née à ces dates, comme celles qui l'invoquent ou le prient, est appelée à faire preuve de force et d'endurance lorsqu'elle affronte les épreuves qui jalonnent sa vie. Pour l'aider à y parvenir, Haheuiah insuffle en elle un système de défense fondé sur le développement et l'écoute de son intuition pour qu'elle trouve l'action à mener et qu'elle voie clairement toute situation. D'abord la personne ressentira les choses, les ambiances, les personnes, puis avec la réflexion, elle déduira une signification à tout cela et saura dès lors comment agir.

LES CARRIÈRES/DOMAINES QU'IL INFLUENCE FAVORABLEMENT

Haheuiah inspire les personnes qui agissent en faveur des plus faibles ou des plus démunis, voire des victimes de certains actes; en ce sens, les enquêteurs (sociaux ou policiers) peuvent demander l'aide de cet ange. Par ailleurs, certaines professions de «service», qui concourent à maintenir l'équilibre dans la vie, sont également susceptibles de trouver de la force auprès de Haheuiah.

Chapitre 8

LES DOMINATIONS

De 23 juillet au 2 septembre

Planète: Jupiter – Prince: Tsadkiel

25. Nith-Haiah – 26. Haaiah – 27. Yérathel –
28. Séhéiah – 29. Reiyiel – 30. Omael – 31. Lécabel –
32. Vasariah

NITH-HAIAH

LES DATES QU'IL RÉGIT

Du 23 au 27 juillet

CE QU'IL SYMBOLISE

La sagesse et la compréhension, et plus spécifiquement lorsque ces deux vertus sont mises au service
de la compréhension de l'ésotérisme, surtout si elle
s'inscrit dans une perspective initiatique.

SON ACTION

Avec Nith-Haiah, le natif, comme ceux qui l'invoquent ou le prient, est invité à gérer intuitivement ses richesses personnelles, quelles soient psychologiques, spirituelles ou physiques. Il développera alors la capacité d'élaborer des solutions, souvent originales, parfois même audacieuses, aux grands problèmes philosophiques ou religieux, ou aux faits de société, avant tout dans un souci de préserver le droit de l'autre à la différence. Nith-Haiah est également au service des minorités ethniques et culturelles, les aidant à se faire accepter et comprendre au sein des autres communautés, dans un but mutuel de respect.

LES CARRIÈRES/DOMAINES QU'IL INFLUENCE FAVORABLEMENT

Nith-Haiah donne du souffle à ceux dont les professions sont peu banales ou marginalisées dans notre société: les astrologues, les cartomanciens, les médiums, les initiés spirituels, mais aussi à d'autres initiés comme les ecclésiastiques touchés par la grâce de Dieu. Les sociologues, les ethnologues, les écrivains économistes et politiques sont aussi de ceux qui peuvent tirer bénéfice de l'influence de cet ange.

HAAIAH

LES DATES QU'IL RÉGIT

Du 28 juillet au 1er août

CE QU'IL SYMBOLISE

La vérité.

SON ACTION

Il s'agit ici d'une vérité très proche de la «révélation», c'est pourquoi Haaiah invite la personne en quête de vérité absolue à l'approcher plus par le biais de la méditation que par le biais de l'action flamboyante. Il en résultera alors, pour la personne née à ces dates ou celles qui l'invoquent ou le prient, une perception très philosophique des choses de la vie et, surtout, très équilibrée, où la succession des moments d'action et ceux de réflexion sera vécue de façon sereine. L'honnêteté et la rigueur (résultant de la réflexion) sont deux principes clés qui décident de l'action à mener.

LES CARRIÈRES/DOMAINES QU'IL INFLUENCE FAVORABLEMENT

Haaiah guide tous ceux qui, dans leur activité professionnelle, doivent prendre des décisions réfléchies, dans un esprit de justice, en accord avec les lois fondamentales de l'humanité. Il inspire donc les hommes politiques — quand ils se dédient aux intérêts des autres —, les juges et les avocats, mais aussi toutes les personnes qui appliquent la «loi». Cet ange influence également ceux et celles qui exercent un certain pouvoir décisionnel sur le plan de la haute finance.

YÉRATHEL

LES DATES QU'IL RÉGIT

Du 2 au 6 août

CE QU'IL SYMBOLISE

La mission, la propagation de la foi et la protection contre quelque forme d'agression que ce soit.

SON ACTION

Avec Yérathel, le natif, ou celui qui l'invoque ou le prie, se voit insuffler une nature extravertie, compréhensive et généreuse. Confiant en l'avenir, confiant dans les êtres en général, il se verra ainsi encouragé dans sa vie et l'abordera avec enthousiasme et optimisme. Dès lors, cette personne évitera la dramatisation des choses; elle les appréciera plutôt à leurs justes valeurs et proportions. Elle sera animée d'une grande ouverture d'esprit, ce qui lui permettra d'écouter les idées et les projets de ses voisins avec beaucoup d'empathie. Elle saura également gérer ses biens et ses richesses matérielles au mieux, sans chercher l'accumulation excessive, car elle se voudra un exemple de probité.

LES CARRIÈRES/DOMAINES QU'IL INFLUENCE FAVORABLEMENT

Dans ce contexte, toutes les carrières touchant les sciences humaines — sociologie, philosophie, économie et politique, mais également psychologie et connaissance scientifique — sont favorablement influencées par cet ange. Tout ce qui concourt à maintenir les «liens» entre les êtres peut aussi profiter de ses bienfaits.

SÉHÉIAH

LES DATES QU'IL RÉGIT

Du 7 au 12 août

CE QU'IL SYMBOLISE

La longévité, dans une perspective «d'accompagnement» dans une vie heureuse et harmonieuse, et la protection contre tout drame qui pourrait menacer la vie.

SON ACTION

Séhéiah insuffle au natif de ces dates, tout comme à ceux qui l'invoquent ou le prient, la prise en main de leur existence. De façon plus générale, l'on peut dire que Séhéiah insuffle avant tout la foi dans la vie; c'est parce que la vie vaut la peine d'être vécue que cette foi soutient les rêves et les projets d'envergure, de quelque nature qu'ils soient. Dès lors, on comprendra l'idée de protection rattachée à Séhéiah puisqu'il est en quelque sorte normal, dans cette perspective, qu'il veille à éviter tout ce qui peut risquer de mettre fin prématurément à la vie, c'est-à-dire avant que le destin complet s'accomplisse.

LES CARRIÈRES/DOMAINES QU'IL INFLUENCE FAVORABLEMENT

La médecine, celle qui s'occupe d'améliorer la fin de la vie (gériatrie, gérontologie, etc.), mais aussi la médecine de «sauvetage» sont favorablement influencées par Séhéiah. Cet ange protège également tous ceux qui sont en contact avec le feu, notamment les pompiers et les personnes qui travaillent avec des matières inflammables. Enfin, Séhéiah offre un grand sens des affaires aux individus évoluant dans ce domaine.

REIYIEL

LES DATES QU'IL RÉGIT

Du 13 au 17 août

CE QU'IL SYMBOLISE

L'inspiration, dans une perspective visionnaire, et la libération de tous les ennemis visibles et invisibles (il libère des envoûtements, du mauvais sort et des sortilèges).

SON ACTION

Sous l'influence de Reiyiel, le natif, ou celui qui l'invoque ou le prie, fait preuve de volonté et de détermination, car il ne remet jamais en cause ni sa «mission» ni le bien-fondé de ses objectifs — en outre, grâce à cette influence, il se met au service des causes altruistes, généreuses. Il en résultera donc un certain sens du commandement et une aptitude à canaliser les forces vives et à contenir les forces négatives grâce à l'expression d'une forme évidente de sagesse. L'ambition sera forte et s'exprimera dans tous les aspects de sa vie, mais comme toutes les personnes qui auront demandé l'aide de Reiyiel se verront animées du sentiment de défendre une juste cause, il se refusera à la démagogie et à la manipulation, sa rigueur morale l'en préservant.

Les domaines d'influence de Reiyiel sont vastes, mais on pourrait les résumer en soulignant qu'avec son soutien ceux qui l'auront invoqué ou prié participeront activement à des activités sociales (dans le sens large du terme) qui pourront les mettre en avant-plan.

OMAEL

LES DATES QU'IL RÉGIT

Du 18 au 22 août

CE QU'IL SYMBOLISE

La patience et la fécondité: la patience face à l'adversité, et la fécondité par la possibilité de donner la vie à une âme élevée et supérieure.

SON ACTION

Sous l'influence d'Omael, l'individu est invité à développer les valeurs humaines, dans un esprit libéral et tolérant, fidèle au respect d'un certain usage des convenances. Omael lui insuffle un sentiment de sécurité. Le natif est attaché aux valeurs familiales; il a le souci de rechercher paix et tranquillité dans sa maison, sa famille, son quartier, et avec ses amis. Non seulement évite-t-il tout conflit ouvert, mais il sait en outre d'instinct apaiser, rassurer l'autre par sa bonté et sa sensibilité. Il est doté d'un sens de l'esthétisme et possède une aptitude certaine dans l'enseignement.

LES CARRIÈRES/DOMAINES QU'IL INFLUENCE FAVORABLEMENT

Omael, par les qualités qu'il confère à l'individu (patience et ténacité), motive celui-ci à travailler dans le «secret» des laboratoires de chimie et de biologie; l'anatomie est aussi son domaine. Il guide aussi ceux qui pratiquent l'obstétrique et prodiguent des soins aux jeunes enfants. Omael influence en outre ceux qui s'intéressent à l'élevage des animaux et à leur reproduction.

LÉCABEL

LES DATES QU'IL RÉGIT

Du 23 au 28 août

CE QU'IL SYMBOLISE

L'illumination, la gloire et la fortune: l'illumination dans le sens d'inspiration, celle qui fait jaillir les idées salutaires pour résoudre les difficultés, et la gloire et la fortune grâce au talent naturel. Lécabel symbolise par ailleurs la maîtrise de l'agriculture.

SON ACTION

Avec Lécabel, le natif sous son influence, ou celui qui l'invoque ou le prie, est amené à faire preuve de discernement. Les situations sont jugées non pas dans le feu de l'action, mais avec un regard circonspect sur les êtres et les choses auxquels cette personne se voit confrontée. Toujours grâce à l'influence de Lécabel, l'intelligence est vive, et la personne a la faculté de comprendre et de traiter les concepts abstraits de la fonction symbolique. Ainsi, la réalité est envisagée comme autant d'images sorties d'un kaléidoscope — réalité de l'apparence, réalité réelle, vérité personnelle — qui, loin d'affaiblir la décision, lui permet au contraire de choisir l'action la plus juste à mener. Ces dispositions insufflées par Lécabel font de ces personnes des êtres capables d'appréhender l'univers cosmique.

LES CARRIÈRES/DOMAINES QU'IL INFLUENCE FAVORABLEMENT

Les domaines favorablement influencés sont l'astronomie, la physique et les mathématiques. En outre, grâce à leur compréhension des choses, ceux qui œuvrent en agriculture, particulièrement lorsqu'ils combinent leur ingéniosité et les technologies nouvelles, profitent également d'une influence favorable de Lécabel.

VASARIAH

LES DATES QU'IL RÉGIT

Du 29 août au 2 septembre

CE QU'IL SYMBOLISE

Le soutien et l'écoute.

SON ACTION

Vasariah donne la possibilité à celui qui naît sous son influence, comme à celui qui l'invoque ou le prie, d'obtenir le soutien de l'Être supérieur et de ceux qui, dans la société, sont des décideurs. Vasariah permet qu'il soit écouté, entendu dans ses demandes, ses conseils et ses jugements; il accorde en outre la protection contre d'éventuels agresseurs. Sous l'influence de cet ange, les personnes peuvent bénéficier au cours de leur existence du concours de la chance, ce qui engendre bonne humeur, optimisme et sérénité en toutes choses. Doté d'une nature généreuse et charitable, soutenu par un bon équilibre psychologique, elles savent faire la part des choses et ne s'égarent pas dans les chemins tortueux. Elles aiment guider et conseiller les exclus, les marginaux, tous ceux à qui la loi a oublié de rendre justice, et œuvrent ainsi à rétablir leurs droits.

LES CARRIÈRES/DOMAINES QU'IL INFLUENCE FAVORABLEMENT

Vasariah influence favorablement l'ensemble des gens qui travaillent pour la justice. Il donne détermination, courage, et appelle le succès pour ceux qui doivent plaider pour leur cause, ou celle d'un tiers. Avocats, conseillers juridiques, «enquêteurs» se trouvent donc placés sous son aile, comme, par extension, la classe politique qui œuvre à améliorer les choses.

Chapitre 9

LES PUISSANCES

Du 3 septembre au 13 octobre

Planète: Mars – Prince: Camael

33. Yéhuiah – 34. Léhahiah – 35. Chavakhiah –
36. Ménadel – 37. Aniel – 38. Haamiah – 39. Réhael –
40. Yéiazel

YÉHUIAH

LES DATES QU'IL RÉGIT

Du 3 au 7 septembre

CE QU'IL SYMBOLISE

La protection omnipotente, c'est-à-dire celle qui agit contre tout ce qui peut s'avérer menaçant, en nous insufflant la capacité de déjouer les pièges et d'éviter les leurres.

SON ACTION

Pour le natif sous l'influence de Yéhuiah, ou encore pour celui qui l'invoque ou le prie, l'intuition se développe de façon remarquable; l'action qui en résulte répond à un flair ou à un pressentiment. La grande protection dont peuvent profiter les personnes qui s'en remettent à l'influence de cet ange permet une importante liberté de manœuvre, autrement dit d'autonomie et d'indépendance dans les idées — le plus souvent nouvelles, voire audacieuses — et dans l'action, souvent instinctive, mais aussi imaginative.

LES CARRIÈRES/DOMAINES QU'IL INFLUENCE FAVORABLEMENT

Yéhuiah influence les domaines où l'action est prédominante et qui exigent une «intelligence intuitive», car il permet de reconnaître et de comprendre les attitudes et les motivations de l'autre. Tout ce qui touche le commerce, dans le sens le plus large du mot, et la négociation est favorablement influencé. Il en va de même pour les créateurs et les chefs d'entreprises.

LÉHAHIAH

LES DATES QU'IL RÉGIT

Du 8 au 12 septembre

CE QU'IL SYMBOLISE

La quiétude, celle qui touche celui qui possède la maîtrise de soi, et la félicité, celle qui permet que la bonne fortune se manifeste de façon harmonieuse.

SON ACTION

Celui qui est né sous l'influence de Léhahiah, ou encore celui qui l'invoque ou le prie, se voit ainsi insuffler ce type de confiance personnelle qui permet à la bonne fortune ou à la chance de se manifester dans un but d'amélioration: travail retrouvé, occasion à saisir, reconnaissance sociale, rencontre sentimentale, etc.

LES CARRIÈRES/DOMAINES QU'IL INFLUENCE FAVORABLEMENT

Léhahiah influence favorablement ceux qui œuvrent dans les domaines psychologique, familial, conjugal, voire social ou juridique, pour autant qu'ils soient des intervenants qui contribuent à leur façon à désamorcer les «crises». Par extension, les hommes politiques, les diplomates et les négociateurs sont aussi placés sous les ailes de Léhahiah.

CHAVAKHIAH

LES DATES QU'IL RÉGIT

Du 13 au 17 septembre

CE QU'IL SYMBOLISE

Le pardon et la réconciliation: le pardon envers ceux qui peuvent nous avoir blessés, et la réconciliation avec ces derniers.

SON ACTION

Chavakhiah accorde la sérénité qui permet l'atteinte des objectifs ou des valeurs qu'il symbolise; il insuffle tout particulièrement son énergie positive dans les questions qui touchent les familles. Il permet l'établissement d'un climat et d'un esprit de paix et d'harmonie, avec un certain respect de la «tradition». Celui qui est né sous son influence, ou celui qui l'invoque ou le prie, se voit insuffler une énergie qui lui permet de s'investir dans l'action, en écartant ses peurs. Les objectifs fixés sont parfois intrépides, mais ils relèvent surtout immanquablement de la sensibilité et de l'altruisme, ce qui permet à cette personne, d'une part, de développer ses propres richesses intimes, et, d'autre part, de promouvoir l'harmonie autour d'elle.

LES CARRIÈRES/DOMAINES QU'IL INFLUENCE FAVORABLEMENT

Chavakhiah inspire tous ceux qui ont à cœur de gérer le patrimoine, dans le sens le plus large du terme. Les travailleurs sociaux et ceux qui, en règle générale, travaillent au bénéfice de la famille, profitent également de son influence.

MÉNADEL

LES DATES QU'IL RÉGIT

Du 18 au 23 septembre

CE QU'IL SYMBOLISE

L'affranchissement et la justice; la libération de ces faiblesses qui nous empêchent d'agir, d'entreprendre, mais aussi de ces peurs qui nous abattent et nous démoralisent. Ce faisant, il nous permet d'agir comme nous devrions vraiment le faire.

SON ACTION

Concrètement, l'ange Ménadel nous permet de discerner nos mauvaises habitudes, ce qui nous aide à les vaincre. Il est aussi l'ange qui donne la priorité au sens du travail, en allouant à celui qui est né sous son influence, ou encore à celui qui le prie ou l'invoque, la volonté et le plaisir de se réaliser. Ménadel soutient donc tous ceux qui font preuve de bonne volonté et de détermination. Cette influence dans l'action peut d'ailleurs très souvent mener sur la route de la reconnaissance sociale ou professionnelle.

LES CARRIÈRES/DOMAINES QU'IL INFLUENCE FAVORABLEMENT

L'ange Ménadel influence favorablement tous ceux qui veulent réussir dans leur profession, en leur permettant de corriger leurs défauts et leurs erreurs, et ainsi de concrétiser leurs idées.

ANIEL

LES DATES QU'IL RÉGIT

Du 24 au 28 septembre

CE QU'IL SYMBOLISE

Le courage et la détermination dans l'adversité, mais aussi l'inspiration dans l'étude et la compréhension des lois cosmiques. Aniel octroie par ailleurs la notoriété à qui s'intéressera à la recherche et à la découverte des secrets de la nature.

SON ACTION

Aniel accorde à ceux qui sont nés sous son influence, ou à ceux qui l'invoquent ou le prient, une grande force morale qui se manifeste particulièrement dans l'action, car ils perçoivent, dans l'obstacle ou l'opposition, une occasion de surmonter leurs peurs et leurs craintes et ainsi de se surpasser et de vaincre sans faillir. Il y va de leur fierté. Ces personnes se voient aussi insuffler inventivité et créativité; ajoutées à leur goût prononcé pour l'indépendance, ces qualités les conduisent souvent à choisir des domaines d'action sans liens trop contraignants, c'est-à-dire dans un milieu professionnel où elles peuvent être leur propre maître.

LES CARRIÈRES/DOMAINES QU'IL INFLUENCE FAVORABLEMENT

Les professions libérales, ou celles qui demandent de l'endurance, de l'audace et du courage, de même que le domaine de la science. Par ailleurs, la nature est pour lui matière à intérêt.

HAAMIAH

LES DATES QU'IL RÉGIT

Du 29 septembre au 3 octobre

CE QU'IL SYMBOLISE

La voix et la vérité. Cet ange facilite la compréhension symbolique des rituels pratiqués par les différents cultes, insufflant ainsi le sentiment d'unité entre humains, mais il nous accorde aussi, surtout, la protection dans notre quête de vérité, et la possibilité de la propager par la parole.

SON ACTION

L'ange Haamiah confère au natif, ou à celui qui l'invoque ou le prie, une personnalité indulgente et sociable, ce qui le mène inéluctablement à vivre en harmonie avec son entourage. L'essentiel, pour lui, c'est de mettre en relief ce qui unit, d'essayer d'agir avec le plus grand consensus possible. Et au-delà de son charme certain et de l'attirance qu'il suscite chez les autres, c'est toujours à cet objectif d'unité qu'il accordera le plus d'importance. Sa civilité et son affabilité peuvent faire de lui un habile médiateur, qui aide les parties en cause à découvrir leurs intérêts communs. Cela dit, s'il n'aime pas les conflits, il n'est pas pour autant un faible, car il sait établir les conditions propices à désamorcer les situations conflictuelles. C'est sa manière d'être reconnu et apprécié au sein de son groupe.

LES CARRIÈRES/DOMAINES QU'IL INFLUENCE FAVORABLEMENT

Haamiah permet à celui qu'il influence de trouver sa mission dans les projets ou les entreprises de nature caritative ou associative, voire sociale ou politique, pour autant qu'ils aient un effet direct sur la vie des hommes.

RÉHAEL

LES DATES QU'IL RÉGIT

Du 4 au 8 octobre

CE QU'IL SYMBOLISE

Le discernement et l'écoute; l'ordre et la rigueur, mais aussi, dans une perspective plus large, l'organisation. Cet ange accorde également le soulagement et le rétablissement, car dans le sens même du principe de la vie, la guérison est considérée comme le résultat d'un ordre restauré (lequel ordre avait été désorganisé par la maladie).

SON ACTION

Ceux qui sont nés sous les dates d'influence de l'ange Réhael, tout comme ceux qui l'invoquent ou le prient, se voient insuffler une belle énergie. Ce sont des êtres dynamiques qui, tout en demeurant lucides concernant leurs facultés et leurs capacités, sont en mesure de jauger rapidement les situations, et ainsi de passer aussitôt à l'action, quitte à réévaluer et à rajuster leur gestes en cours de route. À la fois chaleureux et disponibles pour les uns et les autres, ils protègent fidèlement leur famille et leur entourage immédiat. Malgré cette préoccupation constante pour les autres, ils savent aussi faire la part des choses de façon à maintenir leur équilibre intérieur.

LES CARRIÈRES/DOMAINES QU'IL INFLUENCE FAVORABLEMENT

Beaucoup de domaines lui sont ouverts, car le sujet entrevoit rapidement le sens de sa «mission». Il aimera toutefois habituellement être en contact avec autrui, et travailler en équipe, au sein de laquelle il fera en sorte d'insuffler son énergie. Les carrières médicales et paramédicales lui sont aussi favorables.

YÉIAZEL

LES DATES QU'IL RÉGIT

Du 9 au 13 octobre

CE QU'IL SYMBOLISE

L'inspiration — celle qui aide à découvrir ses dons et ses capacités. Cet ange stimule l'inventivité et la créativité, permettant ainsi d'attiser la part de génie créateur qui sommeille dans l'être. Cette inspiration est source de liberté, voire de libération, car Yéiazel favorise l'ouverture vers les autres, ou vers «l'extérieur».

SON ACTION

L'ange Yéiazel donne au natif, comme à celui qui le prie ou l'invoque, le goût de l'action. La personne conçoit tout obstacle comme une occasion de se surpasser, de dépasser ses craintes et ses hésitations. Très à l'écoute de ce qui l'entoure, émotive et sensitive, elle ajuste ses actions en fonction de l'ambiance qui prévaut au moment où elle agit. Intuitive, elle ne veut pas décevoir les attentes de son entourage et développe sa propre façon de répondre aux différentes demandes — cela n'est pas totalement désintéressé, en ce sens que cette personne a également besoin d'être reconnue, sinon d'être assurée ou rassurée. Cela dit, c'est aussi quelqu'un qui est à l'aise dans les concepts abstraits; il entretient d'ailleurs un monde imaginaire peuplé d'aventures, dans lequel il puise ses idées, sa créativité, son sens artistique.

LES CARRIÈRES/DOMAINES QU'IL INFLUENCE FAVORABLEMENT

Les carrières qui lui sont toutes désignées sont celles qui touchent l'art en général, mais aussi plus spécifiquement tout ce qui concerne l'écriture et sa diffusion: journalisme, imprimerie, librairie, etc.

Chapitre 10

LES VERTUS

Du 14 octobre au 22 novembre

Planète: Soleil – Prince: Raphaël

41. Hahahel – 42. Mikhael – 43. Veuliah –
44. Yélahiah – 45. Séhaliah – 46. Ariel – 47. Asaliah –
48. Mihael

HAHAHEL

LES DATES QU'IL RÉGIT

Du 14 au 18 octobre

CE QU'IL SYMBOLISE

La vocation et la foi, mais aussi la «mission» dans le
sens noble du terme, c'est-à-dire religieuse, spirituelle ou humanitaire. En ce sens, Hahahel contribue

au rayonnement universel de la foi en l'Être suprême — indépendamment de qui il peut être.

SON ACTION

L'ange Hahahel procure au natif sous son influence, ou à celui qui l'invoque ou le prie, une intuition très forte qui lui permet de retrouver et de comprendre les richesses spirituelles qui l'habitent en tant qu'être humain; une fois cette analyse réalisée, la personne cherche alors à les partager avec son entourage. Mais attention! il faut voir cette expression de la spiritualité intérieure comme une image idéalisée du genre humain qui développe des qualités d'ouverture et de générosité devant éventuellement permettre la fondation d'un monde plus humain. Pour cela, la personne se voit insuffler des idées originales, s'inscrivant au-delà de tout préjugé moral et religieux.

LES CARRIÈRES/DOMAINES QU'IL INFLUENCE FAVORABLEMENT

Tous ceux qui ont l'esprit «missionnaire», dans le sens large du terme, que ce soit pour les idées — ou plus exactement les idéaux —, pour adopter ou faire connaître de nouvelles façons d'être, pour aider ou soigner, profiteront de l'influence bénéfique de Hahahel.

MIKHAEL

LES DATES QU'IL RÉGIT

Du 19 au 23 octobre

CE QU'IL SYMBOLISE

Le discernement, l'accès au bonheur, mais aussi l'attirance vers la chose publique.

SON ACTION

Mikhael incite le natif, ou celui qui le prie ou l'invoque, à se servir de son savoir et de son pouvoir à des fins constructives, mais surtout dans un souci de coordination de la pensée et de l'action. Il éclaire de sa lumière ceux qui ont à supporter dans leur existence une charge physique ou morale trop lourde — et en cela injuste — et il rétablit l'ordre et ramène le bonheur (en ce sens, on peut dire que Mikhael insuffle courage et force, et qu'il allège le poids d'un destin trop sombre). L'ange Mikhael motive par ailleurs les êtres à s'impliquer dans la chose publique, favorisant ainsi la diplomatie et la bonne entente dans un esprit de paix constructive. Enfin, il protège aussi les voyageurs.

LES CARRIÈRES/DOMAINES QU'IL INFLUENCE FAVORABLEMENT

Il guide ceux qui sont porteurs d'une parole d'apaisement, de réconciliation et d'équité, aussi bien dans l'entourage immédiat que dans l'entourage professionnel — et cela peut s'appliquer aussi sur le plan international. Dans cette perspective, les conseillers en ressources humaines, les médiateurs et les négociateurs profitent de l'influence bénéfique de cet ange.

VEULIAH

LES DATES QU'IL RÉGIT

Du 24 au 28 octobre

CE QU'IL SYMBOLISE

La prospérité, dans le sens de la concrétisation des projets tout autant que dans le sens de la prospérité financière dans les affaires; l'affranchissement des appréhensions existentielles indissociables des choix et des gestes de la vie courante.

SON ACTION

L'ange Veuliah contribue à insuffler la vigueur et le dynamisme dans nos moments de fatigue et de déprime. Il apporte, au natif des dates sous son influence tout autant qu'à celui qui l'invoque ou le prie, la confiance en soi, nécessaire à la véritable expression de la personnalité — celui qui bénéficie de cette énergie retrouve une forme physique et morale essentielle à cette expression, sans compter qu'il bénéficie aussi alors d'un optimisme à tout crin. Tout cela le conduit inéluctablement à comprendre les faiblesses de la nature humaine et à les admettre, même s'il se garde d'y tomber, car il exerce sur lui-même une certaine rigueur. Le sujet est souvent amené à occuper des postes de décision et de commandement, car la discipline ne lui déplaît pas, si elle n'est pas qu'obéissance servile. Il remplit alors parfaitement son rôle de «chef» en alliant autorité et bienveillance.

LES CARRIÈRES/DOMAINES QU'IL INFLUENCE FAVORABLEMENT

Veuliah soutient ceux qui doivent entreprendre des tâches dans des domaines aussi vastes que l'économie ou la politique, particulièrement lorsqu'ils sont au service de grands idéaux et de valeurs propres à inspirer la confiance en l'intégrité de l'humain.

YÉLAHIAH

LES DATES QU'IL RÉGIT

Du 29 octobre au 2 novembre

CE QU'IL SYMBOLISE

La tolérance et l'indulgence, d'une part, et la protection physique, d'autre part.

SON ACTION

Yélahiah injecte au natif sous son influence, de même qu'à celui qui l'invoque ou le prie, la dose de courage nécessaire pour surmonter les embûches et les difficultés. Plus concrètement, Yélahiah dote celui qu'il garde sous son aile d'un puissant instinct de conservation et d'une force physique remarquable. Privilégiant les relations franches et ouvertes, le sujet se tient toujours à bonne distance des geignards et des éternelles victimes. Ayant l'âme d'un conquérant, il aime l'aventure et les risques inhérents. L'idée de faire faux bond à l'échec et d'affronter le danger le stimule plus que tout. Il ne craint pas d'afficher ses couleurs et de les défendre. Leader-né, il se retrouve très souvent en tête de peloton et entraîne dans son sillon ceux qui aspirent à un tel dynamisme.

Le natif peut être attiré par une carrière militaire, car cela lui permet d'assouvir son besoin de défendre les valeurs auxquelles il croit et de porter secours aux peuples démunis. S'il veut œuvrer au sein d'une entreprise, il faudra qu'elle soit de grande envergure et qu'elle soit le reflet de son grand dynamisme pour qu'il puisse s'impliquer à fond. Il voudra se démarquer, aussi entreprendra-t-il des actions que peu de gens sont prêts à poser. Sa nature audacieuse et son goût du risque peuvent l'amener à s'engager dans la résolution de situations conflictuelles de haut niveau.

SÉHALIAH

LES DATES QU'IL RÉGIT

Du 3 au 7 novembre

CE QU'IL SYMBOLISE

La réussite, l'ardeur à la tâche et la santé.

SON ACTION

L'ange Séhaliah soustrait le natif des contrecoups de l'étroitesse d'esprit et des intentions malveillantes. Lorsque le sujet démontre un minimum de bonne volonté, Séhaliah l'aide à améliorer sa condition, parfois même au-delà de ses espérances. Grâce à la bienveillance de l'ange, le natif possède une santé à toute épreuve et une résistance physique qui fait l'envie de tous. En dépit de cette grande force, la personne sous l'influence de l'ange Séhaliah est un être foncièrement compatissant et emphatique.

LES CARRIÈRES/DOMAINES QU'IL INFLUENCE FAVORABLEMENT

Séhaliah inspire les gens qui veulent alléger la souffrance humaine. Il éclaire ceux qui scrutent l'âme des êtres en mal de vivre et guide ceux qui veulent soigner et protéger les animaux. Dans la même veine, il supervise les personnes qui s'intéressent aux phénomènes météorologiques de même que celles qui veulent sauvegarder la planète et préserver la santé environnementale.

ARIEL

LES DATES QU'IL RÉGIT

Du 8 au 12 novembre

CE QU'IL SYMBOLISE

L'accomplissement total et la réalisation des rêves.

SON ACTION

L'ange Ariel nous dirige vers l'atteinte de nos idéaux, vers la concrétisation de nos désirs les plus intimes. Cet ange se manifeste souvent dans l'univers onirique, lors du sommeil, en donnant un sens révélateur à nos rêves. Celui qui l'invoque est porté à s'intérioriser, à se brancher sur lui-même pour trouver les forces qui lui sont propres et les exploiter à bon escient. Le natif sous l'égide de cet ange connaît le pouvoir de la séduction et sait s'en servir sans jamais tomber dans l'excès cependant. Il fait un hôte hors pair qui peut créer une ambiance chaleureuse sans jamais laisser personne à l'écart. Il aime démontrer son affection et a un besoin impérieux de se sentir apprécié. Quand il se sent aimé, le sujet est prêt à soulever des montagnes: son esprit foisonne et sa créativité n'a alors plus de limites! Mais il doit savoir se ramener sur terre et faire la part des choses entre le rêve et la réalité.

LES CARRIÈRES/DOMAINES QU'IL INFLUENCE FAVORABLEMENT

L'ange Ariel se dévoue à la cause des inventeurs et des chercheurs sans discrimination. Qu'il s'agisse du bidule le plus anodin ou de l'appareil de haute technologie le plus sophistiqué, il est derrière son créateur, parce que celui-ci a la conviction profonde de participer à l'élaboration d'un monde meilleur.

ASALIAH

LES DATES QU'IL RÉGIT

Du 13 au 17 novembre

CE QU'IL SYMBOLISE

La bonne foi et l'admiration; la sincérité que l'on porte en soi et que l'on veut partager avec les autres; la quiétude que l'on ressent à l'idée de faire partie d'un grand tout, de l'ordre divin. Cet ange nous ouvre à la dimension universelle.

SON ACTION

Avec l'assistance de l'ange Asaliah, les capacités psychiques du natif prédominent d'une remarquable façon. Animé par un constant désir d'introspection, il est de ceux qui ne craignent pas de partir à leur propre rencontre pour mieux se connaître et pour mieux exploiter leur potentiel. Il n'hésite d'ailleurs pas à inviter les autres à faire de même. Celui qui est sous l'influence d'Asaliah a la verve facile et peut s'exprimer sur tout ce qui le passionne. C'est un habile manieur de concepts. Il n'aime pas la solitude, sauf lorsqu'il ressent le besoin de se recueillir ou de réfléchir. Son sens de la justice et de la vérité le pousse parfois à se documenter... et lui permet de trouver toute la documentation nécessaire pour satisfaire sa curiosité. Le sujet ne feinte pas! Il désire bâtir sa vie sur des fondements auxquels il croit fermement. S'il lui arrive de se tromper, il a la capacité de réviser ses vues et d'admettre ses torts. Le natif est très exigeant envers lui-même.

LES CARRIÈRES/DOMAINES QU'IL INFLUENCE FAVORABLEMENT

Le natif sous la protection d'Asaliah a un penchant pour le domaine de l'éducation. Son grand besoin de justice peut aussi l'inciter à se réaliser en droit. Très spirituel, il peut même être attiré par la vie religieuse.

MIHAEL

LES DATES QU'IL RÉGIT

Du 18 au 22 novembre

CE QU'IL SYMBOLISE

L'intuition et l'amour.

SON ACTION

Celui qui naît sous l'influence de Mihael est béni par un sens intuitif très puissant. Symbole de l'amour,

Mihael est annonciateur de paix, d'amour et d'amitié. C'est lui qui encourage l'union des êtres; il assure la fidélité et stimule la procréation. Sous la bienveillance de l'ange Mihael, le sujet est très «connecté» sur son émotivité, qui lui révèle une multitude d'informations. Instinctivement, il sait ce qu'il doit faire, il connaît les réponses à ses questions. Le natif ou le priant a la capacité de trouver les bons outils pour accomplir ses nombreux projets. Doté d'un sens de la communauté, il a à cœur le bien-être de ceux qui l'entourent et fait tout ce qui est en son pouvoir pour éviter les conflits. La franchise et la loyauté sont des valeurs qu'il possède et qu'il recherche. Celui qui invoque Mihael doit voir à harmoniser ses facultés psychiques et spirituelles avec sa sensibilité intuitive. Il se sent très à l'aise dans des situations où l'entraide, la solidarité, la paix, la justice et l'égalité sont requises.

LES CARRIÈRES/DOMAINES QU'IL INFLUENCE FAVORABLEMENT

Ce rassembleur-né est fait pour glorifier des valeurs fondamentales en perte de vitesse dans notre société actuelle, soit l'amour, la famille, la fidélité, l'engagement et la responsabilité.

Chapitre 11

LES PRINCIPAUTÉS

Du 23 novembre au 31 décembre

Planète: Vénus – Prince: Haniel

49. Véhuel – 50. Daniel – 51. Hahasiah – 52. Imamiah –
53. Nanael – 54. Nithael – 55. Mébahiah – 56. Poyel

VÉHUEL

LES DATES QU'IL RÉGIT

Du 23 au 27 novembre

CE QU'IL SYMBOLISE

La notoriété et l'humanité. Sous son influence,
l'amour divin triomphe et gratifie le natif, qui sait
utiliser ses qualités et récolter l'estime de tout le monde.

SON ACTION

Le sujet protégé par Véhuel démontre son affectivité avec sensibilité et compassion. Sa grande bonté lui fait privilégier les rapports authentiques avec autrui. Le cœur sur la main et l'oreille attentive, il reconnaît la nature des sentiments qui animent son prochain et se laisse guider par la force de l'amour inconditionnel. Avec l'assistance de l'ange Véhuel, il détecte tout naturellement les tromperies et la dissimulation.

LES CARRIÈRES/DOMAINES QU'IL INFLUENCE FAVORABLEMENT

La littérature qui vante les petits plaisirs du quotidien et qui glorifie le bonheur dans sa forme la plus simple est un domaine où s'épanouit le protégé de Véhuel. Le natif se sentira également dans son élément s'il œuvre en relations publiques, voire internationales, dans les milieux culturels et artistiques.

DANIEL

LES DATES QU'IL RÉGIT

Du 28 novembre au 2 décembre

CE QU'IL SYMBOLISE

Le pardon, en reléguant les affronts et les outrages aux oubliettes; il efface les blessures causées par les injustices et permet le pardon des fautes.

SON ACTION

L'ange Daniel est le lien qui permet d'obtenir l'aide qu'on n'espérait plus: celle de la Providence. Cette grâce ultime donnée par la Providence divine nettoie l'âme et permet la renaissance. La miséricorde et la grâce, qui sont également synonymes de féminité et de majesté, invitent le natif à mettre en valeur les vertus de l'amour et du don de soi. Pour le sujet, rien n'est plus important que les relations affectives, qui sont en fait la pierre angulaire de toutes ses actions. Tourné essentiellement vers l'autre, il agit avec toute l'honnêteté et toute la loyauté dont il est capable. Toutefois, l'ange Daniel dicte à son protégé d'exprimer ses sentiments avec réserve et discernement pour éviter les déceptions de la superficialité.

LES CARRIÈRES/DOMAINES QU'IL INFLUENCE FAVORABLEMENT

L'ange Daniel accorde la maîtrise du langage: les enseignants, les hommes publics, les animateurs, les avocats bénéficient de sa bienveillance. Il donne le goût de la lecture et teinte la justice d'une note de bonté.

HAHASIAH

LES DATES QU'IL RÉGIT

Du 3 au 7 décembre

CE QU'IL SYMBOLISE

Le sens de la mission, la clairvoyance et la dévotion, qui amène l'âme à s'élever pour racheter ses fautes.

SON ACTION

L'ange Hahasiah encourage le natif, de même que celui qui le prie ou l'invoque, à se laisser guider par l'amour qu'il ressent et par l'harmonie que ce sentiment exhale. Ouvert et confiant, l'individu aime plaire et essaie toujours de se présenter sous son meilleur jour. Il est un ami passionné et attentionné, doté d'un charisme naturel. Il exerce un ascendant auquel il est difficile de résister. Sa facilité à établir des liens chaleureux avec ses semblables en fait un être très attachant. Par ailleurs, il a un respect sans bornes pour les animaux.

LES CARRIÈRES/DOMAINES QU'IL INFLUENCE FAVORABLEMENT

Hasahiah soutient ceux qui veulent aider les autres, indépendamment du moyen utilisé: la médecine traditionnelle, la médecine douce, la recherche, etc. Ceux qui s'intéressent aux animaux vivant près des humains et aux multiples mystères de la nature peuvent aussi bénéficier de la protection de cet ange. Tous ces domaines permettent à l'individu protégé par Hasahiah d'expérimenter l'amour universel, l'amour inconditionnel qui mène à la rédemption.

IMAMIAH

LES DATES QU'IL RÉGIT

Du 8 au 12 décembre

CE QU'IL SYMBOLISE

La protection, la considération et le respect. La protection est acquise parce que l'on est capable de reconnaître l'adversaire et, ainsi, de le respecter. De même, une fois que cet adversaire nous a reconnus, il nous respecte, lui aussi.

SON ACTION

L'ange Imamiah nous fait comprendre que l'«ennemi» n'en est pas un en réalité et que, si nous le voulons, nous pouvons clarifier les embrouillements et rallier les opposants à notre cause. Le rôle protecteur de cet ange s'étend également aux déplacements et aux voyages. Ceux qui sont limités dans leurs mouvements doivent donc s'adresser à Imamiah. Tous les amoureux des voyages sont sous sa surveillance. Le natif, ou celui qui le prie ou l'invoque, manifeste de l'entrain; il aime la vie et il apprécie ce qui est beau sur tous les plans. Il n'hésite pas à parcourir les contrées pour trouver la pièce rare. En amour, il veut dénicher l'âme sœur, la vraie, celle qui lui convient. Bien qu'il soit séduisant et sensuel, c'est sa générosité qui illumine sa personnalité. Il ne cherche jamais à se venger, mais c'est un irréductible compétiteur. À mesure qu'il évolue, l'individu apprend à focaliser sa fougue amoureuse et à transposer son insatiable appétit sexuel dans la création artistique. Pour la personne qui est sous l'aile d'Imamiah, les ragots et les commérages n'offrent aucun intérêt, car elle préfère saluer et honorer la spécificité de l'autre.

LES CARRIÈRES/DOMAINES QU'IL INFLUENCE FAVORABLEMENT

Imamiah protège ceux qui exercent une profession libérale favorisant le contact humain, où ils pourront obtenir reconnaissance et amour. Aimant à s'entourer de beaux objets, le natif voudra être collectionneur, antiquaire, libraire ou organisateur d'exposition.

NANAEL

LES DATES QU'IL RÉGIT

Du 13 au 16 décembre

CE QU'IL SYMBOLISE

La compétence, la connaissance de l'ésotérisme, le rêve éveillé, la méditation, la prière, l'inspiration nécessaire à l'étude des sciences et celle qui vient au secours des magistrats et des avocats.

SON ACTION

La chance et le pouvoir de séduction font partie de la vie du natif régi par l'ange Nanael. Il a, de fait, beaucoup de magnétisme. Il a un intérêt marqué pour les sciences humaines et les domaines où la réflexion ouvre la conscience et fait découvrir des lieux de connaissance plus vastes que l'âme humaine. Il possède une grande rigueur et des intentions pures. Il veut trouver et toucher la part du divin qui se cache au fond de chaque être humain. Il est animé par des sentiments nobles, de véritables élans du cœur, qu'il cherche toujours à exprimer avec sincérité. L'étroitesse d'esprit l'exaspère parce qu'elle abaisse l'âme. Le protégé de Nanael porte son intérêt sur l'art et la culture qui, au contraire, élève l'âme et l'esprit.

LES CARRIÈRES/DOMAINES QU'IL INFLUENCE FAVORABLEMENT

L'ancrage solide de ses valeurs l'amène souvent à choisir la voie de l'enseignement. Tout ce qui a trait à la connaissance de l'art l'attire énormément. Le droit peut lui permettre de s'épanouir. La théologie, le sacerdoce et la philosophie l'intéressent aussi.

NITHAEL

LES DATES QU'IL RÉGIT

Du 17 au 21 décembre

CE QU'IL SYMBOLISE

L'écoute et l'égalité: l'écoute que l'on porte aux sages, aux plus grands, à ceux qui manifestent la miséricorde divine. Cet ange protège nos biens matériels et nous accorde une vie heureuse. Il est attentif à nos paroles et leur donne libre cours.

SON ACTION

La personne sous l'égide de l'ange Nithael est proche de son côté affectif. Elle se comporte avec calme et doigté, de manière à susciter la sympathie, la bonne entente et l'amour. Elle aime vivre dans un cadre esthétiquement soigné, donc rempli de belles choses, et désire que les autres en profitent également. Sa forte sensualité s'exprime dans le raffinement et la recherche d'un certain art de vivre. Nithael met l'individu qui l'invoque ou le prie à l'abri des vols et des escroqueries.

LES CARRIÈRES/DOMAINES QU'IL INFLUENCE FAVORABLEMENT

L'ange Nithael influence les carrières de ceux qui évoluent dans l'univers de la mode, de la haute couture, de la photographie d'art, de ceux qui ont à côtoyer les vedettes, les membres de la royauté et de la haute noblesse.

MÉBAHIAH

LES DATES QU'IL RÉGIT

Du 22 au 26 décembre

CE QU'IL SYMBOLISE

L'illumination et la morale. Cet ange crée une ouverture pour la circulation des notions spirituelles. Mébahiah nous donne l'occasion d'accomplir notre destinée, de vivre dans le respect des lois et des principes moraux, et de résister aux tentations de toutes sortes. Il est aussi l'ange protecteur des enfants.

SON ACTION

Avec l'ange Mébahiah, le natif s'exprime spontanément et s'extériorise. Il fait enfin confiance à l'autre. Il apprend à connaître autrui en expérimentant les valeurs de la raison et de la moralité. Il doit observer certaines règles qui lui servent de balises, de soutien dans le choix de ses relations, qu'elles soient d'ordre professionnel, affectif ou amoureux. Ce faisant, il ne tombe pas dans le piège de la désillusion et de la déception, et peut exprimer ses sentiments le plus naturellement du monde aux personnes qu'il estime. Les comportements, la psychologie et les idéaux des hommes l'intéressent au plus haut point. C'est dans sa spiritualité et sa foi en l'amour qu'il puise son énergie vitale. Le mariage, la famille, l'intégrité sont des préceptes moraux auxquels il n'a aucune difficulté à se plier. Pour cet être, le respect de l'éthique ne peut que faire grandir l'âme et conforter le corps.

LES CARRIÈRES/DOMAINES QU'IL INFLUENCE FAVORABLEMENT

Mébahiah soutient le natif attiré par différents domaines professionnels, entre autres par l'enseignement et les professions qui apportent de l'aide directe ou indirecte aux enfants. Le sujet apprécie particulièrement les activités de loisir.

POYEL

LES DATES QU'IL RÉGIT

DU 27 au 31 décembre

CE QU'IL SYMBOLISE

Le savoir et le pouvoir. Le natif se voit offrir le grand livre de la connaissance, et de ce fait, il acquiert du pouvoir, une certaine forme d'influence sur les autres. L'ange Poyel donne le talent de la parole et de l'expression qui suscite l'admiration et le respect.

SON ACTION

Le natif sous l'influence de l'ange Poyel a une personnalité attrayante. Très en contact avec son côté émotif, il a le don de livrer le fond de son cœur avec les bons mots. La justesse, la sonorité et la portée des mots le font vibrer. Les niveaux de langage, les différences de sens, la révélation des idées qui se cachent entre les lignes l'impressionnent et le captivent. Comme une éponge, il absorbe tout ce qu'il voit et entend. Il se laisse imprégner par l'entourage physique et humain, il se laisse pénétrer par la musique des voix, des mots et du silence. Il capte le non-palpable et sait intuitivement ce que l'autre pense ou ressent. Avec Poyel au-dessus de son épaule, le sujet sait se mettre au même diapason que son vis-à-vis afin d'avoir une relation affective d'égal à égal.

LES CARRIÈRES/DOMAINES QU'IL INFLUENCE FAVORABLEMENT

Poyel donne son soutien aux écrivains, aux auteurs, aux linguistes et aux orthophonistes. Les sujets qui veulent faire carrière dans le chant, la composition musicale et le théâtre peuvent compter sur sa protection. La philosophie et la théologie font également partie des domaines qu'il privilégie.

Chapitre 12

LES ARCHANGES

Du 1er janvier au 9 février

Planète: Mercure – Prince: Mikael

57. Némamiah – 58. Yéyalel – 59. Harahel –
60. Mitzrael – 61. Umabel – 62. Iah-Hel –
63. Anauel – 64. Méhiel

NÉMAMIAH

LES DATES QU'IL RÉGIT

Du 1er au 5 janvier

CE QU'IL SYMBOLISE

L'abondance et l'autorité; la prospérité qu'il accorde
est celle des biens acquis par le labeur quotidien.

SON ACTION

Némamiah est l'ange du «gros bon sens». Le natif, ou celui qui le prie ou qui l'invoque, est enclin à analyser les situations promptement. Guidé par son intuition ou son sens de la logique, il émet des idées claires et, la plupart du temps, avant-gardistes. La grande capacité de discernement du natif en fait une sorte de visionnaire. Branché directement sur sa vivacité d'esprit et sa pensée créatrice, il parle librement et avec une grande assurance, ce qui lui attire la confiance des autres.

LES CARRIÈRES/DOMAINES QU'IL INFLUENCE FAVORABLEMENT

L'ange Némamiah chapeaute les carrières reliées à la technologie scientifique, aérienne ou spatiale. Il régit aussi les domaines touchant aux moyens de communication rapide.

YÉYALEL

LES DATES QU'IL RÉGIT

Du 6 au 10 janvier

CE QU'IL SYMBOLISE

La guérison, le rétablissement et le soulagement. Cet ange allège les souffrances, désamorce les peines et chasse la dépression. Il symbolise aussi la combativité, celle qui donne la force de découvrir les persécuteurs et les malfaiteurs.

SON ACTION

Pour le natif, l'influence de l'ange Yéyalel, qui se traduit par une plus grande vitalité psychique et une ténacité, l'amène à surmonter le découragement. Il apprend à se concentrer, à canaliser ses énergies et ses pensées afin de sonder toutes les facettes d'une situation, d'un événement ou d'une personne. Il bâtit son action ou son opinion en tenant compte de tous les éléments en présence. Le protégé de Yéyalel n'est pas un téméraire; il a besoin d'analyser, de soupeser et d'évaluer avant de se prononcer ou de s'engager. La façon prudente avec laquelle il aborde les choses en fait un être très persévérant qui a beaucoup de flair.

LES CARRIÈRES/DOMAINES QU'IL INFLUENCE FAVORABLEMENT

Les carrières en médecine spécialisée (ophtalmologie, chirurgie des yeux et des oreilles et microchirurgie) sont sous l'égide de Yéyalel, car elles exigent méticulosité et exactitude, de même que celles où l'on transforme les métaux en chefs-d'œuvre (sculpture, orfèvrerie, bijouterie). Jouit également de sa protection le domaine des enquêtes judiciaires ou sociales, où la logique et l'intuition permettent d'élucider des énigmes et de démasquer les vrais coupables.

HARAHEL

LES DATES QU'IL RÉGIT

Du 11 au 15 janvier

CE QU'IL SYMBOLISE

La sapience, l'obéissance, le respect de la hiérarchie et des lois.

SON ACTION

Avec l'ange Harahel, le natif, ou celui qui le prie ou l'invoque, n'a d'autre choix que de travailler avec son côté cartésien. Cependant, il doit garder son esprit ouvert et être réceptif aux idées nouvelles apportées par les autres. Avec Harahel, le discours est clair et construit méthodiquement; il est également livré avec une élocution spectaculaire. Le natif apprend beaucoup des expériences vécues par ses prédécesseurs ou par ceux qui ont fait l'histoire. En «bon père de famille», l'individu sous l'aile de Harahel voit à faire respecter l'ordre des choses. Même si son côté logique prend souvent le dessus, il n'en reste pas moins alerte devant les occasions soudaines qui se présentent à lui. Cette ouverture lui permet de rester ouvert et de ne pas se prendre trop au sérieux.

LES CARRIÈRES/DOMAINES QU'IL INFLUENCE FAVORABLEMENT

Avec l'ange Harahel, le natif est susceptible de se diriger dans le domaine de l'édition et de l'imprimerie. Il peut aussi être un excellent archiviste. Il adore les bouquins et les bibliothèques. Doué pour la gestion, il peut choisir de travailler dans le domaine des finances, par exemple en tant que comptable ou directeur de banque.

MITZRAEL

LES DATES QU'IL RÉGIT

Du 16 au 20 janvier

CE QU'IL SYMBOLISE

La renaissance, celle qui délivre des maladies mentales et des troubles de la personnalité.

SON ACTION

L'ange Mitzrael voit à l'affranchissement des persécutés. Il nous délivre de notre impression, parfois temporaire ou occasionnelle, parfois pathologique, d'être victimes. L'influence de cet ange nous donne envie d'être serviables et de nous impliquer. Il nous aide à préserver notre équilibre mental en nous éclairant de sa lumière, ce qui a pour effet de chasser les pensées négatives et les sentiments perturbateurs de notre âme. Celui qui invoque ou qui prie l'ange Mitzrael fait connaissance avec lui-même rapidement; il sait se regarder en face et déchiffrer ses aspirations et ses motivations. C'est avec conviction et spontanéité qu'il émet ses opinions souvent bien arrêtées sans craindre d'être jugé; c'est pourquoi il s'attend à ce que l'autre agisse de même, car il veut connaître le fond véritable de ses pensées. Il n'aime pas les zones grises et floues, et l'imprécision le met mal à l'aise parce qu'il se sent limité. Il évolue avec assurance sur un terrain bien balisé qui lui permet de se sentir protégé sur le plan psychique. C'est un esprit serein qui a le sens de la répartie et qui joue avec les mots d'une manière peu commune.

LES CARRIÈRES/DOMAINES QU'IL INFLUENCE FAVORABLEMENT

Mitzrael donne son soutien à tous ceux qui cheminent dans le domaine de la santé mentale, à tous ceux qui œuvrent à la prévention, au maintien et au traitement des maladies psychiques.

UMABEL

LES DATES QU'IL RÉGIT

Du 21 au 25 janvier

CE QU'IL SYMBOLISE

La mémoire et le détachement. Cet ange stimule les facultés intellectuelles qui permettent l'apprentissage des sciences comme la physique et l'astronomie. Umabel nous console de nos peines et nous ouvre les portes de l'amitié.

SON ACTION

Le natif sous l'influence de l'ange Umabel, ou celui qui l'invoque ou le prie, possède une vitalité mentale impressionnante. Curieux et avide de connaissances, il se tient à l'affût de l'actualité et des dernières découvertes. Son côté désinvolte et sa soif de liberté le rendent allergique à tout ce qui est convenu d'avance et conventionnel. Sa grande détermination, sa confiance indéfectible et sa force de persuasion donnent parfois l'impression qu'il ne tient pas compte de ceux qui l'entourent. Mais on a tort de lui accoler cette étiquette, car il est attentionné et il apprécie recevoir et distribuer des marques d'amitié et d'amour. Intègre, loyal, fidèle en amitié et en amour, il est toujours prêt à offrir son épaule ou à tendre l'oreille. Il inspire confiance et réconforte.

LES CARRIÈRES/DOMAINES QU'IL INFLUENCE FAVORABLEMENT

Sa tendance vers la marginalité l'incite à s'impliquer dans des domaines variés, voire éclectiques. Umabel donne le talent nécessaire pour apprendre à jouer d'un instrument de musique ou pour évoluer dans les milieux de la physique nucléaire et de l'astronomie.

IAH-HEL

LES DATES QU'IL RÉGIT

Du 26 au 30 janvier

CE QU'IL SYMBOLISE

La félicité, la modestie, l'harmonie et la bonne entente avec le conjoint et les amis, la sagesse de reconnaître le bonheur dans la simplicité des choses.

SON ACTION

Sous l'aile de l'ange Iah-Hel, le natif, ou celui qui l'invoque ou le prie, harmonise le cœur et la raison. Il apprécie les dialogues et les échanges d'opinions sur un ton paisible, et n'a donc nulle envie de discourir avec le poing sur la table! De nature très empathique, il chérit les moments où il permet à son interlocuteur de parler librement, avec son cœur. Il ne juge pas plus qu'il ne réprimande. Il ne critique jamais parce qu'il se sait aussi vulnérable que l'autre. Ses «conseils» sont empreints de sagesse et de bon sens. Il cherche toujours à montrer la voie qui mène à une vie plus en accord avec soi-même, et non pas en conformité avec les directives sociales. Sa grande sagesse le rend imperméable aux qu'en-dira-t-on et le fait agir en fonction de ses convictions intérieures.

LES CARRIÈRES/DOMAINES QU'IL INFLUENCE FAVORABLEMENT

Iah-Hel transmet le désir de mettre ses connaissances et son expérience au service des autres.

ANAUEL

LES DATES QU'IL RÉGIT

Du 31 janvier au 4 février

CE QU'IL SYMBOLISE

L'audace et la santé. Cet ange protège contre les accidents mortels et procure la guérison.

SON ACTION

L'individu qui naît sous l'influence de l'ange Anauel, ou qui le prie ou l'invoque, est méthodique et soigné. Il a un esprit cohérent capable de saisir les choses à la volée et de les analyser objectivement. Doté d'une grande lucidité, il est perspicace et possède une bonne dose de discernement. Toutes ces qualités font de lui un leader naturel apte à occuper des postes de gestion.

LES CARRIÈRES/DOMAINES QU'IL INFLUENCE FAVORABLEMENT

Le natif peut évoluer avec une certaine aisance dans les secteurs commercial, bancaire, financier, économique et publicitaire. Anauel a sous sa tutelle les urgentologues, qui doivent avoir des pensées claires, des automatismes précis et un instinct à toute épreuve.

MÉHIEL

LES DATES QU'IL RÉGIT

Du 5 au 9 février

CE QU'IL SYMBOLISE

L'inspiration dans les écrits (et plus largement la propagation du savoir).

SON ACTION

Sous l'influence de Méhiel, le natif, ou celui qui l'invoque ou le prie, se voit insuffler des facultés intellectuelles et créatrices fabuleuses, en ce sens qu'il ne se laissera pas seulement guider par la forme (ici, la technique rattachée à l'art), mais aussi par le contenu (donc, par les idées, les sentiments et les émotions). Son imagination est féconde à élaborer et à concevoir, ce qui se traduit par une «productivité» considérable et de grande qualité. C'est un être équilibré, qui aspire à la réussite sur le plan professionnel, mais aussi sur celui de la vie affective — idéal auquel il se consacrera avec détermination.

LES CARRIÈRES/DOMAINES QU'IL INFLUENCE FAVORABLEMENT

La personne sous son aile est particulièrement douée dans tout ce qui touche une forme ou une autre de la communication: l'écriture certes, mais aussi l'enseignement comme également tout ce qui relève du domaine technique de ces disciplines (par exemple, les carrières de l'imprimerie).

Chapitre 13

LES ANGES

Du 10 février au 20 mars

Planète: Lune – Prince: Gabriel

65. Damabiah – 66. Manakel – 67. Eyael –
68. Habuhiah – 69. Rochel – 70. Jabamiah –
71. Haihaiel – 72. Mumiah

DAMABIAH

LES DATES QU'IL RÉGIT

Du 10 au 14 février

CE QU'IL SYMBOLISE

La force mentale, laquelle se manifeste par la détermination dans les engagements, mais aussi par la protection contre les malheurs.

SON ACTION

Damabiah insuffle au natif sous son influence, comme aussi à celui qui l'invoque ou le prie, une force morale inébranlable, tant et si bien que cette personne fera plus souvent qu'autrement preuve d'un solide optimisme, même dans des situations qui sembleraient sans issue à plus d'un. Il faut toutefois éviter de croire que rien ne l'atteint; en fait, cette personne réalise pleinement la mesure des défis qui se présentent à elle, mais sa force morale lui permet justement de tout ramener à des proportions plus normales. L'imagination lui ouvre la porte de la communication avec des éléments de nature éthérique.

LES CARRIÈRES/DOMAINES QU'IL INFLUENCE FAVORABLEMENT

Damabiah exerce une influence bénéfique sur tous ceux qui aident les autres, tant sur le plan physique que psychologique. Toute personne engagée dans la défense de la nature profite également de son influence bienveillante.

MANAKEL

LES DATES QU'IL RÉGIT

Du 15 au 19 février

CE QU'IL SYMBOLISE

L'apaisement, mais aussi le charme et la beauté.

SON ACTION

Manakel est souvent considéré comme l'ange de la séduction. Et pour cause! Les personnes bénéficiant de son influence se voient insufflées d'un charisme incroyable. Habituellement, elles réussissent aisément dans la vie parce qu'elles sont sympathiques à tous, qu'elles savent parler et mettre de l'avant des idées qui séduisent. Par ailleurs, cet ange facilite l'apprentissage du pardon et aide en outre à repousser les idées noires, de façon que la personne sous son influence soit en mesure de découvrir le vrai et le bon.

LES CARRIÈRES/DOMAINES QU'IL INFLUENCE FAVORABLEMENT

L'ange Manakel peut influencer tous les domaines, pour autant que la personne qui y est engagée soit satisfaite du milieu dans lequel elle évolue. Nous soulignerons toutefois que les personnes œuvrant dans les domaines médicaux et paramédicaux profitent spécialement de son influence.

EYAEL

LES DATES QU'IL RÉGIT

Du 20 au 24 février

CE QU'IL SYMBOLISE

La compréhension, le réconfort et la santé.

SON ACTION

L'individu né sous l'influence de Eyael, ou encore celui qui l'invoque ou le prie, se voit insuffler une grande réceptivité, laquelle se manifeste par un intérêt marqué pour les questions existentielles (Dieu, la mort, la vie, le destin, la liberté, etc.). Tout au long de leur vie, ces personnes se passionnent pour les arts et pour les sciences qui permettent de déterminer le caractère et de prévoir le destin des hommes. Grâce à leur imagination féconde et généreuse, elles concilient les valeurs du passé avec les valeurs contemporaines et se révèlent même très créatrices en ce sens. Dans un autre ordre d'idées, Eyael fournit à ses protégés une santé vigoureuse, qui leur permet d'atteindre un âge avancé en excellente forme, tant physique que mentale.

LES CARRIÈRES/DOMAINES QU'IL INFLUENCE FAVORABLEMENT

Le champ d'influence de l'ange Eyael est vaste et varié, car il soutient les penseurs, les philosophes, les dialecticiens, les physiciens, de même que tous ceux qui travaillent à la conservation et à la restauration de l'art, dans son sens le plus large.

HABUHIAH

LES DATES QU'IL RÉGIT

Du 25 au 29 février

CE QU'IL SYMBOLISE

L'élan vital, source de vie et de régénération.

SON ACTION

Avec l'ange Habuhiah, le natif, ou celui qui l'invoque ou le prie, est animé d'une réceptivité remarquable face aux êtres et à la nature en général. Sensible, il jouit d'une grande aptitude sensorielle; les parfums, les couleurs, les sons et les émotions baignent son monde intérieur, un peu secret par ailleurs. Il se voit aussi insufflé du don de guérisseur, même s'il ne le réalise pas nécessairement; il devrait toutefois se rendre compte que son «pouce vert» procède de la même énergie. Doué d'une nature sociable agréable à vivre, il jouit d'une grande popularité. D'un esprit vif, ouvert, curieux aussi de toutes les richesses de son monde environnant, il aime aider son prochain.

LES CARRIÈRES/DOMAINES QU'IL INFLUENCE FAVORABLEMENT

La médecine générale, la gynécologie, l'obstétrique, la médecine qui traite les problèmes de stérilité, la pédiatrie, la puériculture sont tous des domaines dans lesquels le natif profite pleinement de l'influence de cet ange. Lui conviendront aussi tous les métiers ou toutes les professions ayant un lien avec la nature.

ROCHEL

LES DATES QU'IL RÉGIT

Du 1er au 5 mars

CE QU'IL SYMBOLISE

La mémoire, la recherche et la droiture.

SON ACTION

Rochel donne au natif sous son influence, comme à celui qui l'invoque ou le prie, une extraordinaire mémoire. Cette personne est aussi habitée d'une remarquable lucidité et d'une grande présence d'esprit. Très intuitif, les sens toujours en éveil, cet être est capable de répondre à un nombre infini de possibilités. Son imagination fertile et très créatrice lui ouvre de multiples perspectives, d'autant qu'une certaine dose de chance couronne de succès ses entreprises — il lui faut simplement éviter de se disperser. Il peut trouver sa voie en distinguant ses capacités, et en se fixant des objectifs raisonnables. D'un naturel bienveillant et calme, il aime assurer l'autre de sa protection et de son soutien.

LES CARRIÈRES/DOMAINES QU'IL INFLUENCE FAVORABLEMENT

Les natifs sous l'influence de Rochel réussissent dans tous les domaines qui font appel à la mémoire, comme le droit, bien entendu, où ils excellent; ce sont des orateurs d'autant plus doués et redoutables que leur culture est (habituellement) à la hauteur de leur faculté de mémorisation.

JABAMIAH

LES DATES QU'IL RÉGIT

Du 6 au 10 mars

CE QU'IL SYMBOLISE

L'initiation et la régénération; cet ange maintient la source de vie de chaque être.

SON ACTION

La personne née sous l'influence de cet ange, comme celle qui l'invoque ou le prie, possède généralement une nature intuitive puissante et fertile, voire une

sorte de sixième sens pour tout ce qui relève de l'in-
connu ou du surnaturel. Lorsqu'elle cultive ce don,
elle se consacre avec bonheur au sacré, au religieux
ou à la magie. Très à l'écoute de l'autre, de ses émotions, elle sait aussi reconnaître (sinon prévoir) les
facteurs déclencheurs ou aggravants des mauvaises
vibrations; son imagination florissante lui propose
rapidement maintes pistes de solutions à ce propos.
Sensible, accueillante, émotive, cette personne a aussi
une nette propension à se mettre au service des autres.

LES CARRIÈRES/DOMAINES QU'IL INFLUENCE FAVORABLEMENT

Le natif est favorablement influencé dans les études
médicales — il aime aider, soigner, dorloter son prochain, car à travers cet autre, il soigne ses angoisses
et ses blessures. Toutes les carrières médicales bénéficient donc de l'aide de cet ange. Par ailleurs, ce
dernier permet d'exceller dans tous les domaines qui
concourent à fortifier l'esprit et l'intellect.

HAIHAIEL

LES DATES QU'IL RÉGIT

Du 11 au 15 mars

CE QU'IL SYMBOLISE

L'intuition et la compréhension des mystères.

SON ACTION

Haihaiel (qu'on qualifie aussi d'ange de la voyance)
insuffle au natif sous son influence, comme à celui

qui l'invoque ou le prie, un sixième sens. D'une part, cet ange exacerbe son intuition déjà très développée, le conduisant à avoir des prémonitions très réelles; d'autre part, il lui permet parfois d'entrevoir l'avenir dans les rêves. Pour la personne sous l'influence d'Haihaiel, la logique et le raisonnement ne sont là que pour confirmer ou rectifier les impressions ou les sensations reçues. Cela dit, avec les années, l'expérience de la vie la conforte dans ses aptitudes à discerner les êtres et les choses, et développe sa confiance en elle. Il en résulte alors un être vaillant, courageux, solide, qui affronte les aléas de la vie quotidienne avec sang-froid. Enfin, d'une intelligence vive et curieuse, elle reste toujours à l'écoute du monde et de l'air du temps.

LES CARRIÈRES/DOMAINES QU'IL INFLUENCE FAVORABLEMENT

Tous les domaines rattachés à la chose paranormale bénéficient d'une influence favorable de la part de cet ange.

MUMIAH

LES DATES QU'IL RÉGIT

Du 16 au 20 mars

CE QU'IL SYMBOLISE

La guérison sous tous ses aspects.

SON ACTION

La personne née sous l'influence de Mumiah, ou encore celle qui l'invoque ou le prie, développe une grande capacité émotionnelle qui lui permet de nouer et d'entretenir d'excellentes relations humaines. Son imagination fertile lui fait entrevoir d'innombrables possibilités, ce qui lui permet d'anticiper parfaitement les situations et les événements, et de deviner les êtres. L'ange Mumiah soutient par ailleurs la guérison, tant par la médecine traditionnelle que par la médecine naturelle, l'imposition des mains ou même la prière.

LES CARRIÈRES/DOMAINES QU'IL INFLUENCE FAVORABLEMENT

Cet ange influence favorablement la médecine empirique, c'est-à-dire celle qui concourt à appliquer les découvertes médicales — soit de la médecine traditionnelle, soit de la médecine holistique — pour obtenir des effets bénéfiques. Mumiah inspire également ceux qui exercent un métier où le sens du toucher est primordial, que ce soit pour soigner ou pour créer.

Chapitre 14

QUELS ANGES INVOQUER OU PRIER SELON LES CIRCONSTANCES

Comme vous l'avez très certainement constaté à la lecture des descriptions des anges des chapitres précédents, il est parfois malaisé — en raison de l'époque où ont été établies ces spécificités — de trouver lequel vous pourriez invoquer ou prier pour résoudre le problème d'une situation courante.

Pour vous faciliter la tâche, nous avons fait l'exercice pour vous et avons ainsi regroupé, sous différents thèmes, les anges qui peuvent se mettre à votre service pour allier leurs efforts aux vôtres et ainsi vous conduire à la résolution d'un problème ou à la découverte d'une difficulté.

LES ANGES DE L'AMOUR

Lélahel, Nith-Haiah, Yéhuiah, Haamiah, Nithael, Jabamiah

Les questions amoureuses ou sentimentales sont parmi les plus difficiles à résoudre: elles brouillent la raison au point qu'il devient difficile d'y réfléchir calmement, sans doute en raison du manque de recul des personnes impliquées et de leur absence d'impartialité. Les anges qui influencent les choses de l'amour peuvent vous aider à trouver des réponses à vos questions ou des solutions à vos problèmes. Cela dit, leur intervention se fait dans le respect du libre arbitre de chacun; jamais un ange n'interviendra pour ramener quelqu'un vers vous contre sa volonté, car les anges ne manipulent pas, ils ouvrent des portes — c'est totalement différent.

LES ANGES DE LA FAMILLE

Cahétel, Nelchael, Chavakhiah, Réhael, Mihael, Mumiah

Les générations familiales constituent, en quelque sorte, une hiérarchie des êtres humains. Nous portons tous en nous un peu de nos parents, y ajoutant nos propres traits de personnalité; il en va de même pour nos enfants et nos petits-enfants. C'est dans ce contexte que les anges énumérés ci-dessus pourront intervenir favorablement dans toute discorde ou dispute familiale. Ils protégeront la cellule familiale et renforceront les liens entre les êtres. D'autre part, comme votre univers commence dans votre maison, ils feront aussi en sorte qu'y règnent l'harmonie et l'équilibre.

LES ANGES DU BIEN-ÊTRE

Aladiah, Caliel, Séhéiah, Veuliah, Hahasiah, Anauel

Proches de tous ceux qui souffrent, ces anges mettent tout leur cœur à leur service. Ils vous protégeront en ce qui a trait aux questions de santé. Si vous êtes inquiet pour votre santé ou pour celle d'un proche, faites intervenir votre ange ou celui de la personne malade (si vous connaissez sa date de naissance), ou encore l'un de ces anges du bien-être. Soulignons que ces derniers sont plus efficaces s'ils sont interpellés pour aider les autres, car ils sont alors investis de la tendresse que vous avez pour la personne souffrante. S'ils peuvent intervenir sur le plan physique, ils peuvent aussi intercéder sur le plan moral: ils consoleront, et chagrin et larmes s'estomperont!

LES ANGES DE L'ABONDANCE
ET DE LA PROSPÉRITÉ

Hékamiah, Sitaël, Melahel, Ariel, Poyel, Haihaiel

Qui n'a jamais rêvé d'être à l'abri de toute difficulté matérielle? Eh bien, ces anges veillent sur toutes les questions touchant l'abondance et la prospérité. En les invoquant ou en les priant, vous trouverez une solution pour vos problèmes matériels, voire financiers. Cela ne signifie pas — soyons réalistes — que vous recevrez les numéros gagnants à la loterie, mais plutôt que vous serez favorisé par la chance. Notez d'ailleurs qu'il n'est pas recommandé de solliciter leur aide pour simplement «appeler» l'argent, car il faut garder à l'esprit que leur action, même lorsqu'elle se fait sur le plan matériel, a une essence spirituelle; or, celle-ci perdrait son sens si vous ne vous serviez d'eux qu'à des fins strictement pécuniaires. Un but «humain», moral, doit donc être sous-jacent.

LES ANGES DE LA COMPRÉHENSION

Mahasiah, Achaiah, Ariel, Mikhael, Asaliah, Méhiel

Ces anges vous aideront à comprendre vos émotions de façon que vous puissiez progresser plus facilement dans votre cheminement de vie. En ce sens, vous pouvez invoquer ou prier ces anges d'abord pour mieux vous définir, ce qui vous permettra ensuite de mieux comprendre les autres.

LES ANGES DU PARDON

Élémiah, Haziel, Pahaliah, Yéiazel, Imamiah, Rochel

Il ne s'agit pas, ici, strictement du pardon à l'égard des autres, mais aussi (et surtout) du pardon à l'égard de soi-même. Ainsi, si vous réalisez que vous vous enlisez dans des schémas qui pourrissent votre vie, ces anges vous aideront à faire la rupture avec eux et à en adopter de nouveaux, plus propices à une évolution harmonieuse. Vous assisterez alors à de réelles transformations dans votre vie. D'autre part, comme il arrive aussi parfois que certains blocages soient provoqués par une influence extérieure — que ce soit celle d'autres personnes ou de l'éducation reçue —, ces anges vous aideront à pardonner véritablement à votre entourage. La seule condition d'intervention: votre désir réel de changer.

LES ANGES DE LA VOLONTÉ

Lauviah, Haaiah, Lecabel, Yéialel, Iah-Hel, Habuhiah

Ces anges s'avèrent particulièrement utiles dans toutes les questions d'ordre professionnel. Si vous voulez changer de poste, d'emploi, voire de domaine, ils pourront intervenir afin de vous permettre de faire les bons choix dans la réorientation de votre destin. Ce sont des anges qui apportent assurance, confiance et persévérance.

LES ANGES DE L'ÉNERGIE

Jéliel, Hahaiah, Leuviah, Aniel, Yélahiah, Manakel

Une tâche difficile vous attend — un entretien d'embauche, un examen, un travail important? Eh bien, ces anges vous donneront l'énergie nécessaire à la bonne exécution de votre tâche. Ils libéreront votre énergie intérieure, vous permettant de vous débarrasser de vos appréhensions et de retrouver votre confiance en vous. Ces anges réguleront vos énergies qui, lorsqu'elles sont mal canalisées et gaspillées, vous conduisent à faire des gestes inconsidérés ou irréfléchis. Grâce donc à leur influence, vous sentirez, physiquement, une meilleure circulation énergétique, ce qui vous conférera un moral et un dynamisme ragaillardis.

LES ANGES DE LA GRÂCE

Mébahel, Haheuiah, Léhahiah, Hahahel, Mitzrael, Umabel

Ces anges sont qualifiés d'«ultra-sensibles», et ils interviendront efficacement en faveur de tous ceux qui veulent servir leurs semblables. Par les émotions et les sensations qu'ils éveilleront en vous, vous vous rapprocherez de la Vérité; certes, il vous sera peut-être difficile, voire impossible, de l'exprimer par des mots, mais vos actions seront plus éloquentes.

LES ANGES DE LA CRÉATIVITÉ

Véhuiah, Lauviah, Reiyiel, Séhaliah, Nanael, Harahel

Ces anges influencent favorablement les créateurs, dans quelque domaine qu'ils soient. Ils allègent le poids du quotidien en favorisant l'inspiration créatrice. En les invoquant, vous vous verrez pourvu des outils nécessaires pour atteindre vos objectifs. Vous pouvez aussi les invoquer ou les prier si vous avez besoin de nourrir votre existence (ils vous permettront de croire en votre talent); ils refuseront en revanche toute intercession si votre seul but se résume à la glorification de votre ego.

LES ANGES DU BONHEUR

Yézalel, Yérathel, Vasariah, Daniel, Némamiah, Eyael

Ces anges vous aideront à vivre et à profiter pleinement de chaque instant, vous permettant de trouver une source de satisfaction même dans les moments où vous pourriez être mis à l'épreuve. Comblé par la vie malgré ses aléas, votre bonheur sera communicatif, et vous ne souffrirez plus du sentiment de solitude ou d'incompréhension. Les relations professionnelles seront plus harmonieuses, et vous trouverez dans les relations interpersonnelles une plus grande entente et une meilleure complicité.

Annexe

LES PRIÈRES AUX ANGES

Ayez pitié, Seigneur, des fidèles ici présents,
Et par la vertu de votre Sainte Croix,
Et par la garde des anges,
Libérez-les de tous les dangers et de toutes nécessités:
incendies, inondations, froids, brigands,
serpents, bêtes sauvages, obsessions, attaques
et embûches du démon, maladies.

— PRIÈRE DE SAINT CYRILLE D'ALEXANDRIE.
PATRIARCHE D'ALEXANDRIE, DOCTEUR DE L'ÉGLISE
NÉ EN 380 À ALEXANDRIE (ÉGYPTE), MORT EN 444

Ange glorieux qui m'avez en garde, priez pour moi.
Mon cher gardien, donnez-moi votre bénédiction.
Bienheureux esprit, défendez-moi de l'Ennemi.
Mon cher protecteur,

Donnez-moi une grande fidélité
à vos saintes inspirations.
Amen.

— PRIÈRE DE SAINT FRANÇOIS DE SALES
ÉVÊQUE DE GENÈVE (SUISSE), DOCTEUR DE L'ÉGLISE
NÉ LE 21 AOÛT 1567 À SALES (FRANCE), MORT LE 28 DÉCEMBRE 1622
À LYON

Ange saint qui adorez toujours la face du Père éternel,
Comme vous la voyez toujours;
Puisque sa bonté suprême
vous a commis le soin de mon âme,
Secourez-la sans cesse par sa grâce,
Éclairez-la dans ses ténèbres,
Consolez-la dans ses peines,
Échauffez-la dans ses froideurs,
Défendez-la dans ses tentations,
Gouvernez-la dans toute la suite de sa vie.
Daignez prier avec moi;
Et parce que mes prières sont froides et languissantes,
Embrasez-les du feu dont vous brûlez,
Et portez-les jusqu'au trône de Dieu pour les lui offrir.
Faites par votre intercession
Que mon âme soit humble dans la prospérité
Et courageuse dans l'adversité;
Qu'elle s'anime dans la ferveur de sa foi
Et par la joie de son espérance,
Et que, ne travaillant dans cet exil
qu'à avancer vers sa céleste patrie,
Elle aspire de plus en plus,

Par les gémissements d'un ardent amour
pour Jésus son Sauveur,
À l'adorer éternellement, et à jouir enfin avec vous,
Dans la compagnie de tous les saints anges,
De cette gloire ineffable qu'il possède
dans tous les siècles.
Ainsi soit-il.

— PRIÈRE DE SAINT CHARLES BORROMÉE
ARCHEVÊQUE DE MILAN (LOMBARDIE, ITALIE), CARDINAL
NÉ LE 2 OCTOBRE 1538 AU CHÂTEAU D'ARONA (ITALIE), MORT LE
3 NOVEMBRE 1584 À MILAN

———————

Bonjour, mon ange gardien.
Je vous aime tendrement;
Vous m'avez gardé cette nuit pendant que je dormais,
Gardez-moi s'il vous plaît, pendant ce jour,
Sans malheur, ni accident
Et sans offenser Dieu, au moins mortellement.

— PRIÈRE DE SAINT JEAN-MARIE VIANNEY
CURÉ D'ARS-SUR-FORMANS
NÉ EN 1786 À DARDILLY (FRANCE), MORT EN 1859 À ARS-
SUR-FORMANS

———————

Bonsoir, mon ange gardien.
Je vous remercie de m'avoir gardé pendant ce jour;
Offrez à Dieu tous les battements de mon cœur
Pendant que je dormirai.

— Prière de saint Jean-Marie Vianney
Curé d'Ars-sur-Formans
Né en 1786 à Dardilly (France), mort en 1859 à Ars-sur-Formans

———

Ô mon ange gardien, dites, je vous en conjure,
À mon Bien-Aimé, que je languis d'amour pour lui
Et que j'ai un désir infini de le posséder.
Amen.

— Prière de saint Jean-Marie Vianney
Curé d'Ars-sur-Formans
Né en 1786 à Dardilly (France), mort en 1859 à Ars-sur-Formans

———

Saint ange de Dieu, à qui Dieu a confié ma protection,
Je te remercie pour tous les bienfaits
Que tu as procurés à mon corps et à mon âme.
Je te loue et te glorifie car tu m'assistes avec une très
grande fidélité
Et me protèges contre tous les assauts de l'Ennemi.
Bénies soit chacune des heures
Où tu m'as été donné comme protecteur
Et désigné comme défenseur!
Bénis soient ton amour et toute ta sollicitude,
Toi qui n'as de cesse de hâter mon salut!
Je te demande de me pardonner
D'avoir si souvent résisté à tes suggestions,
T'attristant ainsi, ô toi mon bon ami.

Je prends la résolution de t'obéir à l'avenir
Et de servir Dieu fidèlement.

— PRIÈRE DE SAINTE GERTRUDE
MONIALE
NÉE EN 1256 À EISLEBEN (ALLEMAGNE), MORTE EN 1302 À HELFTA
(SAXE, ALLEMAGNE)

————

Ô mon cher ange, allez, je vous en conjure,
Où mon Jésus repose; dites-lui, à ce divin Sauveur,
Que je l'adore et que je l'aime de tout mon cœur.
Invitez cet adorable Prisonnier d'amour
À venir dans mon cœur, à y fixer son séjour.
Ce cœur est trop petit pour loger un si grand Roi,
Mais je veux l'agrandir, par l'amour et par la foi.
Amen.

PRIÈRE DE SAINTE LOUISE DE MARILLAC
COFONDATRICE, AVEC SAINT VINCENT DE PAUL,
DE LA COMPAGNIE DES FILLES DE LA CHARITÉ
NÉE EN 1591 À PARIS (FRANCE), MORTE EN 1660 À PARIS

————

BON ANGE DE MA MÈRE

Vous savez combien elle m'a aimé.
Vous l'avez vue me couvrir de caresses,
Me prodiguer les soins les plus touchants,

Souffrir quand je souffrais...
Passer les nuits sans sommeil
Quand je ne pouvais dormir.
À peine arrivé à l'adolescence,
Je l'ai contristée par mon indocilité.
Vous avez été contristé comme elle.

Récompensez-la pour moi de ses sacrifices.
Conservez-lui la santé et la force;
Mettez en son cœur de douces joies;
Comblez-la de grâces!
Récompensez-la de tout ce qu'elle a fait pour moi.

D'APRÈS MONSEIGNEUR CHARDON

———————

PRIÈRE À L'ANGE GARDIEN (1)

Mon bon Ange, ô vous qui êtes le gardien
de mon corps et de mon âme,
Mon tuteur, mon guide, mon cher compagnon,
Mon très sage conseiller et mon très fidèle ami,
Qu'il est glorieux et consolant pour moi
De penser que je suis commis à vos soins,
Dès le premier moment de ma vie
jusqu'à celui de ma mort!
Quel respect ne vous dois-je pas,
Sachant que je suis toujours en votre présence?
Avec quelle dévotion ne faut-il pas que je vous honore
Pour reconnaître l'amour que vous me portez,

Et quelle confiance ne dois-je pas avoir en votre appui,
Puisque vous êtes toujours à mes côtés!
Ô vous qui connaissez si bien ma faiblesse,
La violence de mes passions et la malice si redoutable
Des ennemis qui désirent si ardemment de me perdre,
Aidez-moi à découvrir tous leurs artifices,
À éviter tous leurs pièges et
à vaincre toutes leurs tentations!
Ne permettez pas que je fasse en votre présence
La moindre chose qui puisse blesser
la pureté de vos regards
Et me rendre indigne de votre compagnie.
Apprenez-moi à faire des prières si ferventes,
Qu'elles soient comme un excellent parfum
Que vous présentez volontiers au trône de Dieu;
Offrez-lui mes gémissements et mes soupirs,
Présentez-lui mes nécessités et mes misères.
Veillez sans cesse sur moi, instruisez-moi,
dirigez-moi, protégez-moi,
Et quand viendra la fin de ma vie,
Assistez-moi avec bonté dans la dernière lutte,
Portez mon âme dans le ciel afin
que je puisse louer Dieu,
L'aimer, le bénir à jamais avec vous
Dans la glorieuse société des anges.
Ainsi soit-il.

EXTRAIT DE *L'ANGE CONDUCTEUR DANS LA VIE CHRÉTIENNE*,
MALINES, H. DESSAIN, 1894.

PRIÈRE À L'ANGE GARDIEN (2)

Ô saint ange, que Dieu,
par un effet de sa bonté pour moi,
A chargé du soin de ma conduite;
Vous qui m'assistez dans mes besoins,
Qui me consolez dans mes peines
Et qui m'obtenez sans cesse de nouvelles faveurs,
Je vous rends de très humbles actions de grâces;
Je vous conjure, aimable protecteur,
De me continuer vos charitables soins,
De me défendre contre tous mes ennemis,
D'éloigner de moi les occasions du péché,
De me rendre docile à vos inspirations et
fidèle à les suivre,
De me protéger à l'heure de ma mort,
Et de ne point me quitter que vous ne m'ayez conduit
Au séjour du repos éternel.
Ainsi soit-il.

— EXTRAIT DE *L'ANGE CONDUCTEUR DANS LA VIE CHRÉTIENNE*,
MALINES, H. DESSAIN, 1894.

PRIÈRES À SAINT MICHEL,
À SAINT GABRIEL ET À SAINT RAPHAËL

Glorieux saint Michel,
Prince de la milice céleste,
Protecteur de l'Église universelle,

Défendez-nous contre tous nos ennemis visibles et
invisibles,
Et ne permettez pas que nous tombions jamais sous
leur cruelle tyrannie.

Saint Gabriel,
Vous qui êtes appelé à juste titre la force de Dieu,
Puisque vous avez été choisi pour annoncer à Marie le
Mystère
Où le Tout-Puissant a déployé la force de son bras,
Faites-nous connaître les trésors renfermés dans la
personne du Fils de Dieu,
Et soyez notre protecteur auprès de son auguste Mère.

Saint Raphaël,
Guide charitable des voyageurs,
Vous qui, par la vertu divine,
Opérez des guérisons miraculeuses,
Daignez nous guider dans le pèlerinage de cette vie,
Et guérir les maladies de nos âmes
et celles de nos corps.
Amen.

———

PRIÈRE D'UNE FUTURE MAMAN

Je vous remercie et vous glorifie,
Père très saint, Dieu créateur,
Parce que vous avez fait en moi de grandes choses
Et qu'un enfant va naître

De cet amour humain que vous avez béni.
Jésus, veillez sur mon tout-petit, votre frère.
Qu'il soit notre joie sur la terre,
Votre gloire dans l'éternité.
Esprit-Saint, couvrez-moi de votre ombre
Pendant ces mois bénis de l'attente.
Et vous, Marie, reine des mères,
Gardez mon enfant.
Mon bon ange gardien,
Et vous, ange gardien de mon tout-petit,
Préservez-nous de tout accident.
Conduisez-nous tous les deux dans la vie.
Obtenez-nous la bénédiction de Dieu!
Amen.

PRIÈRE D'UNE MÈRE

Mon Dieu, est-ce déjà le soir de ma vie?
Comme la vie passe vite!
Il est vrai que je n'ai pas fait de grandes choses.
Je fus une maman comme les autres
Qui essaie chaque jour de bien faire les petites choses.
J'aime les enfants que tu m'as donnés.
Souvent, je me suis couchée tard, afin de les endormir.
Souvent, pour les vêtir,
je me suis assoupie sur le tricot commencé la veille.
Je me suis faite médecin pour les guérir.
Je me suis dévouée pour qu'ils apprennent à donner.
Je me suis privée pour qu'un jour ils se sacrifient.

Je me suis agenouillée, pour leur apprendre à prier.
Je les ai aimés, pour leur enseigner l'Amour.
Quand je partirai pour le grand voyage,
ne les oublie pas.
Je te le demande par Jésus-Christ,
Marie et les saints anges.

———————

PRIÈRE DU TOUT-PETIT

Veille sur moi quand je m'éveille
Bon ange, puisque Dieu l'a dit,
Et chaque nuit quand je sommeille,
Penche-toi sur mon petit lit.
Aie pitié de ma faiblesse,
À mes côtés marche sans cesse,
Parle-moi le long du chemin
Et pendant que je t'écoute
De peur que je ne tombe en route.
Bon ange, donne-moi la main.

———————

LITANIE AUX ANGES GARDIENS

Seigneur, ayez pitié de nous
Jésus-Christ, ayez pitié de nous

Seigneur, ayez pitié de nous
Jésus-Christ, écoutez-nous
Jésus-Christ, exaucez-nous

Père céleste qui êtes Dieu, ayez pitié de nous
Dieu, le Fils rédempteur du monde, ayez pitié de nous
Esprit-Saint qui êtes Dieu, ayez pitié de nous
Trinité sainte qui êtes un seul Dieu, ayez pitié de nous

Sainte Marie, priez pour nous
Sainte Mère de Dieu, priez pour nous
Ô Marie, Reine des anges, priez pour nous
Saint Michel archange, priez pour nous
Saint Gabriel archange, priez pour nous
Saint Raphaël archange, priez pour nous
Saints anges et archanges, priez pour nous

Nos saints anges gardiens, priez pour nous
Nos saints anges gardiens,
qui contemplez la face du Père céleste,
[priez pour nous
Nos saints anges gardiens,
qui ne vous écartez jamais de nous, priez pour nous
Nos saints anges gardiens,
qui nous êtes attachés par une céleste amitié,
[priez pour nous
Nos saints anges gardiens,
qui nous exhortez fidèlement, priez pour nous
Nos saints anges gardiens,
nos sages conseillers, priez pour nous
Nos saints anges gardiens, qui nous préservez de
nombreux maux du corps et de l'âme,
[priez pour nous

Nos saints anges gardiens, nos puissants défenseurs
contre les assauts de l'Ennemi,
[priez pour nous
Nos saints anges gardiens, qui nous soutenez dans la
tentation, priez pour nous
Nos saints anges gardiens, qui nous aidez quand
nous chancelons et tombons,
[priez pour nous
Nos saints anges gardiens, qui nous consolez dans la
misère et la souffrance,
[priez pour nous
Nos saints anges gardiens, qui portez nos prières
devant le Trône de Dieu,
[priez pour nous
Nos saints anges gardiens, qui nous aidez à
progresser vers le bien
[par vos inspirations et vos suggestions, priez pour
nous
Nos saints anges gardiens, qui malgré nos fautes ne
vous éloignez jamais de nous,
[priez pour nous
Nos saints anges gardiens, qui vous réjouissez de nos
progrès, priez pour nous
Nos saints anges gardiens, qui veillez sur nous et
priez quand nous dormons,
[priez pour nous
Nos saints anges gardiens, qui ne nous quittez pas au
moment de l'agonie,
[priez pour nous
Nos saints anges gardiens, qui consolez les âmes du
Purgatoire, priez pour nous
Nos saints anges gardiens, qui conduisez les justes au
Ciel, priez pour nous

Nos saints anges gardiens, avec qui un jour nous
verrons Dieu et le louerons éternellement,
[priez pour nous

Agneau de Dieu qui effacez les péchés du monde,
pardonnez-nous, Seigneur
Agneau de Dieu qui effacez les péchés du monde,
exaucez-nous, Seigneur
Agneau de Dieu qui effacez les péchés du monde,
ayez pitié de nous, Seigneur

Prions.
Dieu éternel et tout-puissant qui dans votre ineffable
bonté,
Avez envoyé à tous les hommes, dès le sein maternel,
Un ange particulier pour la protection du corps et de
l'âme,
Accordez-nous de l'aimer et de le suivre fidèlement
Afin que nous parvenions avec lui à l'éternelle félicité.
Par Jésus-Christ Notre-Seigneur.
Amen.

———

LITANIE DES SAINTS ANGES GARDIENS

Seigneur, ayez pitié de nous.
Jésus-Christ, ayez pitié de nous.
Seigneur, ayez pitié de nous.
Jésus-Christ, écoutez-nous,
Jésus-Christ, exaucez-nous.

Pére céleste qui êtes Dieu, ayez pitié de nous.
Fils rédempteur du monde qui êtes Dieu,
ayez pitié de nous.
Esprit-Saint qui êtes Dieu, ayez pitié de nous.
Trinité Sainte qui êtes un seul Dieu,
ayez pitié de nous.
Sainte Marie, Reine des anges, priez pour nous.
Saint Michel, priez pour nous.
Saint Gabriel, priez pour nous.
Saint Raphaël, priez pour nous.
Saint chœur des séraphins, priez pour nous.
Saint chœur des chérubins, priez pour nous.
Saint chœur des trônes, priez pour nous.
Saint chœur des dominations, priez pour nous.
Saint chœur des principautés, priez pour nous.
Saint chœur des puissances, priez pour nous.
Saint chœur des vertus, priez pour nous.
Saint chœur des archanges, priez pour nous.
Saint chœur des anges, priez pour nous.
Toutes les hiérarchies des esprits bienheureux,
priez pour nous.
Tous les saints anges gardiens, priez pour nous.
Mon saint ange gardien, priez pour nous.
Saint ange, mon conseiller, priez pour nous.
Saint ange, mon patron, priez pour nous.
Saint ange, mon défenseur, priez pour nous.
Saint ange, mon tendre ami, priez pour nous.
Saint ange, mon consolateur, priez pour nous.
Saint ange, mon frère, priez pour nous.
Saint ange, mon témoin, priez pour nous.
Saint ange, mon aide, priez pour nous.
Saint ange, mon vigilant gardien, priez pour nous.
Saint ange, mon intercesseur, priez pour nous.

Saint ange, chargé de ma conduite, priez pour nous.
Saint ange, mon souverain, priez pour nous.
Saint ange, mon guide, priez pour nous.
Saint ange, mon sauveur dans les dangers,
priez pour nous.
Saint ange, inspirateur de bonnes pensées,
priez pour nous.
Saint ange, mon secours à l'heure de la mort,
priez pour nous.
Agneau de Dieu qui effacez les péchés du monde,
pardonnez-nous, Seigneur.
Agneau de Dieu qui effacez les péchés du monde,
exaucez-nous, Seigneur.
Agneau de Dieu qui effacez les péchés du monde,
ayez pitié de nous, Seigneur.
Jésus-Christ, écoutez-nous.
Jésus-Christ, exaucez-nous.
Saints anges gardiens, priez pour nous,
Afin que nous soyons dignes des promesses de
Jésus-Christ.

LITANIE DES SAINTS ANGES

Seigneur, ayez pitié de nous.
Jésus-Christ, ayez pitié de nous.
Dieu le Père, qui régnez dans les cieux,
ayez pitié de nous.
Dieu le Fils, qui êtes venu sauver le monde,
ayez pitié de nous.

Dieu le Saint-Esprit,
qui remplissez l'Univers, ayez pitié de nous.
Trinité adorable, qui faites la félicité des esprits
bienheureux, ayez pitié de nous.

Sainte Marie, Reine des anges, priez pour nous.
Saint Michel, prince de la milice céleste,
priez pour nous.
Saint Gabriel, envoyé du Très-Haut vers la plus pure
des vierges, priez pour nous.
Saint Raphaël, conducteur du jeune et vertueux Tobie,
priez pour nous.
Saint ange gardien, ma lumière, mon protecteur,
mon conseil et mon guide,
[priez pour nous.
Saints chérubins, séraphins, trônes, dominations,
vertus, puissances et principautés,
[priez pour nous.
Saints archanges et saints anges, priez pour nous.
Saints anges, qui chantez sans cesse les louanges du
Dieu trois fois saint,
[priez pour nous.
Saints anges, qui ne respirez que la gloire du
Seigneur, et qui brûlez du feu de son amour,
[priez pour nous.
Saints anges, qui goûtez une joie toute céleste
à la conversion d'un pécheur,
[priez pour nous.
Saints anges, qui présentez au Tout-Puissant
nos misères et nos vœux,
[priez pour nous.
Saints anges, qui volez à notre secours
dans tous les dangers,

[priez pour nous.
Saints anges, qui nous soutenez
dans tous nos combats, priez pour nous.
Saints anges, qui nous protégez, surtout dans nos
derniers assauts,
[priez pour nous.
Saints anges, qui portez nos âmes dans le sein du
Dieu des miséricordes,
[priez pour nous.
Vous tous, esprits bienheureux, qui travaillez sans
cesse à nous associer à votre bonheur,
[priez pour nous.

Et vous, ô Jésus, Ange de l'alliance éternelle entre
Dieu et les hommes,
Soyez-nous propice et pardonnez-nous.
Divin Jésus, Ange tout-puissant du Conseil céleste,
exaucez-nous.
De tous les maux que nous souffrons,
et de nos iniquités qui en sont la source funeste,
délivrez-nous, Seigneur.
Des efforts de l'ange des ténèbres, si multipliés de nos
jours, délivrez-nous, Seigneur.
De la mort subite et imprévue, mais surtout de la mort
éternelle,
[délivrez-nous, Seigneur.
Par l'intercession de vos saints anges, délivrez-nous,
Seigneur.
Nous implorons vos grandes miséricordes,
exaucez-nous, Seigneur.
Nous vous prions de nous pardonner nos iniquités,
exaucez-nous, Seigneur.

Nous vous prions de préserver nos âmes et
celles de nos frères du malheur
[de vous offenser encore, et de nous perdre pour
jamais, exaucez-nous, Seigneur.
Nous vous prions d'envoyer vos anges de paix,
pour réunir en vous
[tous les esprits et tous les cœurs, exaucez-nous,
Seigneur.
Nous vous prions de nous rendre attentifs et
fidèles à suivre les inspirations
[de ceux auxquels vous nous avez confiés,
exaucez-nous, Seigneur.
Nous vous prions de procurer par vos saints anges,
le soulagement
[et la délivrance des âmes qui gémissent
dans le purgatoire, exaucez-nous, Seigneur.
Nous vous prions de nous secourir nous-mêmes à
l'heure de la mort
[par le ministère de ces esprits célestes, exaucez-
nous, Seigneur.
Nous vous prions de recevoir nos âmes par leurs
mains, et de nous faire
[jouir avec eux des délices de votre divine présence,
exaucez-nous, Seigneur.

Fils de Dieu, que les anges contemplent et
adorent éternellement, exaucez-nous.
Agneau de Dieu, qui effacez les péchés du monde,
pardonnez-nous.
Agneau de Dieu, qui effacez les péchés du monde,
exaucez-nous.
Agneau de Dieu, qui effacez les péchés du monde,
ayez pitié de nous.

Prions.
Seigneur, qui partagez avec un ordre admirable
Les divers ministères et fonctions des anges et
des hommes,
Accordez-nous par votre grâce,
Que ceux qui assistent toujours dans le ciel en votre
présence pour vous servir,
Défendent aussi notre vie sur la terre:
par Notre Seigneur Jésus-Christ,
Ainsi soit-il.

EXTRAIT DE *L'ANGE CONDUCTEUR DANS LA VIE CHRÉTIENNE*,
MALINES, H. DESSAIN, 1894.

TABLE DES MATIÈRES

Deuxième partie.
Les anges: leurs familles et leurs missions